図解 身近にあふれる

# 「男と女の心理学」が
# 3時間でわかる本

著 内藤誼人

同窓会？
いいね、行ってくれば？
まあそのうち考えるよ！
結婚？まだいいんじゃない？
俺らのペースで？

今すぐ結婚しよう！
キミを独り占めしたいんだ！
ほら指輪！
ボクだけを見てほしい！
キミのためのバラ！

# はじめに

◎ 私は、異性にモテなくたって
　全然かまわない

◎ 女心なんてわからなくても、
　生きていくのに困らない

◎ 結婚生活がうまくいかなくたって、
　ちっとも気にしない

そんなことを考えている方は、おそらくいないと思います。
　たいていの人は、**どうすれば人に好かれるのか**に興味があって、**どうすれば自分の魅力をもっと、もっと高めることができるのだろう**、といった悩みを抱えているのではないでしょうか。
　そういう読者にとって、本書は非常に役に立つと思います。

　本書は心理学の本ですが、心理学の中には、恋愛心理学、ジェンダー（異性）心理学、対人心理学、魅力心理学と呼ばれる分野があります。それらをまとめて、本書では「男と女の心理学」と名づけました。
　単に心理学の法則や原理を紹介するだけではなく、できるだけ

すぐに実践できる"ノウハウ"も述べていきます。

◎ どうすれば
　職場で人気者になれるのか？

◎ どうすれば素敵な恋人を
　見つけることができるのか？

◎ どうすれば家庭円満に過ごせるのか？

こういったノウハウについてもたっぷりご紹介していくつもりです。

◎ どうも異性とうまく付き合えない

◎ 異性の部下に慕われるような
　先輩になりたい

◎ 旦那さんや奥さんとうまくやって、
　家庭でのストレスを減らしたい

◎ 単純に、モテたい

そんな気持ちを持っている読者には、きっと「タメになる」内容なのではないかと思います。

心理学という学問は、他の学問に比べて、日常生活ですぐに応用できる実践的な学問なのです。

　**本書で取り上げていく内容は、すべて一流の専門雑誌に掲載された論文のデータに基づいています。**その意味では、これから心理学を学んでみたいという読者にとっても有益なのではないかと思っています。

　実際に心理学の専門論文を読もうとすると、ある程度の統計学の知識が必要になります。重相関係数ですとか、共分散ですとか、p値といった統計用語がわからないと、何が書いてあるのか、さっぱりわかりません。
　けれども、本書ではそういう用語は一切使っていません。だれにでも理解できるよう、できるだけ平易な説明を心がけましたので、安心して読み進めてください。
　また、よくある「恋愛本」には、50年も60年も前の古いデータがいまだに載せられていたりするのですが、**本書ではなるべく最新の研究だけを取り上げています。**
　おそらく、すべての読者に「へぇ、心理学者って、こんなに面白い実験や調査をやっているんだなあ」と感心してもらえるような内容になっていると思います。

　どうぞ最後までよろしくお付き合いください。

内藤誼人

はじめに ……………………………………………………………… 003

# 第1章 『見た目とファッション』の心理学

| 01 | 女性にとって赤色は"モテ色"？ ……………………………… 016

| 02 | 女性の服装は年々色っぽくなっている？ ……………………… 019

| 03 | 美人と一緒にいるだけで自分も美人に見られる？ …………… 022

| 04 | 酔っ払うと女性はみんな4割増しの美人に見える？ ………… 025

| 05 | 男性のモテ顔は「4割くらい女性化した顔」？ ……………… 029

| 06 |「美人は3日で飽きる」はウソだった？ ……………………… 032

| 07 | 女性にとって顔は「命」よりも大事？ ……………………… 035

| 08 | 美人やハンサムだと有罪になる可能性も低くなる？ ………… 038

| 09 | 美人な人ばかり見ていると男性はどんどん不幸になる？ ……… 041

| 10 |「すぐヤレる子」は外見で判断できる？ ……………………… 044

| 11 | 体型を見ればケンカが絶えないカップルかわかってしまう？ …… 047

## 第2章 『かけ引きと会話』の心理学

| 12 | 女性が振りまく笑顔は赤ちゃんのときから打算的？ ……………… 052 |
| 13 | 距離を縮めたいなら観るべき映画はどのジャンル？ ……………… 055 |
| 14 | 仲良くなりたいなら一緒に写真を撮るのが一番？ ……………… 058 |
| 15 | 「相性がいい」と感じさせる話題って何？ ……………… 061 |
| 16 | 話し方だけで「気が合う」と思わせる方法がある？ ……………… 064 |
| 17 | 付き合った人の数は何人が一番好感を持たれる？ ……………… 067 |
| 18 | 男性は低い声、女性は高い声の人がよくモテる？ ……………… 070 |
| 19 | シャイな人をうまくデートに誘う方法とは？ ……………… 073 |
| 20 | 重いカバンを持つとナンパに失敗するのはなぜ？ ……………… 076 |

# 第3章 『好みと性格』の心理学

| 21 | 男性はやっぱりみんな巨乳好き？ ……………………… 080 |
| 22 | 「男は浮気するもの」って心理学的にも正しいの？ ……… 083 |
| 23 | なぜ多くのカップルは男性のほうが背が高いの？ ………… 086 |
| 24 | なぜ多くのカップルは女性が年下なの？ ………………… 089 |
| 25 | 女性の魅力は冬になるとUPする？ ……………………… 092 |
| 26 | 父親の年齢が高いと女性は老け顔好きになる？ …………… 095 |
| 27 | お腹がすいてくるとぽっちゃりな女性が好きになる？ ……… 098 |
| 28 | なぜ男性は"筋トレ"、女性は"ダイエット"を好むの？ ……… 101 |
| 29 | 異性の好みでわかる!? 性格診断 <男性編> ……………… 104 |
| 30 | 異性の好みでわかる!? 性格診断 <女性編> ……………… 107 |

# 第4章 『出会いと恋愛』の心理学

| 31 | 男女の"恋愛スピード"には1か月くらいのズレがある？ ……… 112

| 32 | "告白"の正否はシチュエーションで決まる？ …………………… 115

| 33 | 恋をすると「人が変わる」のはなぜ？ …………………………… 118

| 34 | 嫉妬があるから恋愛関係は深くなる？ …………………………… 121

| 35 | 恋愛はうつ病の予防にもなる？ …………………………………… 124

| 36 | ナンパの成功確率は実際のところけっこう高い？ ……………… 127

| 37 | 男性は妊娠しやすい"危険日"の女性に惹かれる？ …………… 130

| 38 | "危険日"には女性も男性に近づきたがる？ …………………… 133

| 39 | フェイスブックは心理学的にもやっぱりオススメ？ ………… 136

# 第5章 『結婚と家族』の心理学

| 40 | モテない人のほうが結婚後は幸せになれる? ……………… 140

| 41 | 「愛のない結婚」はそれほど不幸ではない? ……………… 143

| 42 | 嫉妬深い人は結婚を決めるのが早い? ……………………… 146

| 43 | 女性が初産で"女の子"をほしがるのはなぜ? …………… 149

| 44 | プライドが高い男親ほど子どもの名前に同じ字を使う? ……… 152

| 45 | 女性は子どもを持つと強くなる。では男性は? ………… 155

| 46 | 「ケンカをするほど仲がいい」といわれるのはなぜ? ……… 158

| 47 | 毎日セックスする人ほどストレスがない? ……………… 161

# 第6章 『誤解とすれ違い』の心理学

| 48 | 女性が酔っ払いすぎると男性は"勘違い"してしまう？ ………… 166

| 49 | 実際のところ"男女の友情"は成り立つの？ ……………………… 169

| 50 | 「愛のないセックス」なら許せる？ それとも許せない？ ………… 172

| 51 | 男女では「デートに求めるもの」がまったく違う？ ……………… 175

| 52 | エッチに誘われたらOKする女性はどのくらいいる？ …………… 178

| 53 | 「一瞬で恋に落ちる」なんてありえるの？ ………………………… 181

| 54 | 「将来離婚しそうな人」は性格でわかってしまう？ ……………… 184

| 55 | ケンカを減らすにはコツがある？ ………………………………… 187

| 56 | 「ツラい結婚生活」はどの程度続けるべき？ ……………………… 190

# 第7章 『職場と人付き合い』の心理学

| 57 | 同性ばかりの職場だと女性は結婚願望がなくなる？ ............... 194

| 58 | 女性がいつも連れだって食事をするのはなぜ？ ................... 197

| 59 | 新人の女性は7割がお酒を強要される？ ........................ 200

| 60 | 上司は男性よりも女性のほうがむいている？ ..................... 203

| 61 | 男性はなぜ肘掛け付きのイスを好むの？ ........................ 206

| 62 | 年輩の男性ほど近づきにくいのはなぜ？ ........................ 209

| 63 | "共通の困難"は人との絆を強くする？ ........................ 212

# 第8章 『経済とジェンダー』の心理学

| 64 | 景気によって男性の好みは変化する? ……………………… 216

| 65 | 景気が悪くなると女性の消費が爆発的に増える? ………… 219

| 66 | 男性の好みが豊かな国と貧しい国で違うのはなぜ? ………… 222

| 67 | "男女不平等"こそがモテる秘訣? …………………………… 225

| 68 | 「女性は美しくあるべき」という暗黙のルールがある? ……… 228

| 69 | 「女性は受け身」はただの思い込み? ……………………… 231

| 70 | セックス産業で働く女性を同性の女性はどう見ている? ……… 234

おわりに ……………………………………………………………… 237
参考文献 ……………………………………………………………… 240

カバーデザイン・挿画　末吉喜美

# 第1章
# 『見た目とファッション』
# の心理学

# 01 女性にとって赤色は"モテ色"?

真っ赤な口紅や真紅のドレスを身につけた女性は、とても目を惹くものです。色の違いだけでその人の魅力はどの程度変化するものなのでしょうか。

## ◎ 赤色は人を興奮させる?

赤色は、動物を興奮させる色だということがわかっています。発情期を迎えたメスのサルは、胸やお尻などが赤くなり、その色がオスを惹きつけるのです。

では、人間ではどうなのでしょうか。やはり、「赤色」を身につけた女性は、魅力的に見えてしまうものなのでしょうか。

結論からいうと、まさに「イエス」。人間も、やはり他の動物と同じなのですね。

## ◎ 赤色とそれ以外には明らかな差がある

ニューヨークにあるロチェスター大学のアンドリュー・エリオットは、男子大学生に背景が赤色になっている女性の写真と、背景が白色の女性の写真を見せて、「どれくらい魅力的に見えますか?」と尋ねてみました。

すると、女性は同一人物であったにもかかわらず、背景が赤色のときに、「とてもステキな人だ」という評価になったのです。赤色は女性の魅力を水増しする効果があったというわけです。

エリオットは、さらに追試を行って、灰色や緑色でも同じ実験をしましたが、**「赤色だけ」で魅力の水増し効果が確認されました。**

同じようなことは、フランスにある南ブルターニュ大学のニコラス・ゲーガンによっても確認されています。

ゲーガンは、4つのバーに、8人の女性アシスタントを送り込みました。入店してから60分以内にどれくらいの男性客にナンパされるのかを測定してみたのです。

その際、ゲーガンは、女性アシスタントの「口紅の色」を実験的に変化させました。ある女性は赤色の口紅、別の女性はブラウンの口紅、という具合に口紅の色を変化させてからお店に送り込んでみたのです。気になる実験結果は次のようになりました。

| Q | 60分で何人の男性から声をかけられた？ | |
|---|---|---|
| | 赤 | 2.03人 |
| | ピンク | 1.72人 |
| | ブラウン | 1.55人 |
| | 口紅なし | 1.39人 |

読者のみなさんには、この数値は微妙だと思われるかもしれませんが（心理学の実験ではよくあります）、統計的には明らかな差があることがわかっています。

ともあれ、重要なことは、**「赤色の口紅をつけていると、たくさんの男性が言い寄ってくる」**ということです。

ゲーガンはまた、最初に声をかけられるまでの時間も測定して

いたのですが、それは次のような結果になりました。

| Q | 最初に声をかけられるまでの時間は？ | |
|---|---|---|
| | 赤 | 19.78 分 |
| | ピンク | 23.35 分 |
| | ブラウン | 24.83 分 |
| | 口紅なし | 27.03 分 |

やはり赤色は男を惹きつける効果が確認されたのです。結論しましょう。赤色は、間違いなく女性にとっての「モテ色」。気になる男性に言い寄ってもらいたいのであれば、上手に赤色を使うのがよさそうですね。

ここで紹介した実験からわかることは、**女性にとって赤色は、明らかに「モテ色」**だということです。ですから、気になる男性とのデートのときや、ここぞという場所に出かけていく際には、赤色を意識して使ってみるといいでしょう。きっと周囲からあなたに注がれる視線は、いつもと少し違うものになるはずです。

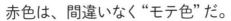

赤色は、間違いなく"モテ色"だ。

# 男と女の心理学

第 1 章 『見た目とファッション』の心理学

## 02 女性の服装は年々色っぽくなっている？

> ファッションはその時代の世相を映すもので、常に「流行」が
> あります。なかでも女性のファッションは、常に露出が高まる
> ほうへと進んでいるようです。

### ◎ 直線的にどんどん色っぽくなっていく？

　ファッションには、その時代ごとの流行があります。80年代のファッション、90年代のファッションといったように、それぞれの時代を代表する服装があります。

　だいたい流行というものには、サイクルがあって、昔流行ったものが、最近になってまた流行りだす、というような流れがあります。

　ところが、女性の服装に関しては、ほとんど直線的に、つまり**どんどんエッチ化する方向に向かっている（色っぽくなっている）のではないか**、と指摘する心理学者がいます。米国オハイオ州にあるケニオン大学のケイトリン・グラフです。

　グラフは、女の子の服装がどんどん時代とともにエッチ化しているのではないかという自分の仮説を検証するため、1971年から2011年までの女性誌に出てくるモデルの写真を分析してみました。取り上げた女性誌は、「セブンティーン」と「ガールズ・ライフ」という雑誌です。

まずセブンティーン誌について30年に渡って1649枚の写真を分析してみると、たしかにエッチ化していることが確認されました。胸の深く開いたシャツは1971年には全体の11.1％でしたが、2011年には48.1％にまで増加していました。

「見えそうで見えない」というセクシーなシャツを着る女性モデルは、昔はそんなに多くなかったのに、現代になればなるほど、どんどん増えたのです。

ガールズ・ライフ誌については、30年間で合計763枚の写真を分析したのですが、1971年には身体のラインが浮き出るようなタイトな服装はゼロでした。ところが2011年には37.6％と増加していました。

また、ハイヒールの女性も1971年にはゼロでしたが、2011年には16.6％に増加していました。ちなみにハイヒールを履くと、女性の身体のくびれが強調されやすくなり、セクシーに見えます。これもやはりエッチ化の流れといえます。

◎ **理由はわかっていない**

なぜ、ここ30年間で、アメリカ社会における女性の服装が、どんどんエッチ化するという方向に向かっているのかは、よくわかっていません。肌の露出が増え、セクシーに見える服装が増えるという流れは、事実として確認できるのですが、その背後にあるメカニズムはよくわからないのです。

単純に温暖化の影響で、洋服が薄くなってきたのでしょうか（笑）。何か特別な理由がありそうにも思えるのですが、残念なが

第1章 『見た目とファッション』の心理学

ら、この点についてはさらなる検証が必要といえそうです。

ともあれ、女性の服装は、毎年毎年エッチ化する方向にあることはたしかですから、男性としては、ぜひとも長生きして、セクシーに変化していく女性たちを眺めて楽しみたいところ。こんなことをいうと、女性には怒られてしまうかもしれませんが。

[ 女性のファッションは年々"エッチ化"している。 ]
# 男と女の心理学

## 03 美人と一緒にいるだけで自分も美人に見られる?

> 合コンのときに自分より美人な人と一緒にいたら、自分にとっては不利なように思えます。ところが、自分より美人な人といたほうが、自分の魅力も高まる効果があるのです。

### ◎ 自分より劣る人と一緒にいると評価が下がる

　知り合いの女性に合コンをお願いすると、その連絡役の女の子以上にかわいい女の子は絶対に来ない、という俗説があります。なぜ、女性は自分よりもかわいい女の子を連れて来たがらないのでしょうか。

　その理由は、かわいい女の子を連れて行くと、相対的に自分のブサイクさが際立ってしまうから、ということを心配しているからだと考えられています。自分よりも魅力の劣る女の子を連れて行けば、相対的に自分が美人に見える、ということを期待しているともいえるでしょう。

　けれども、これはまったくの誤解です。

　現実には、むしろ、**自分よりも魅力の劣る女の子を連れて行くと、自分までもが悪く評価されてしまう**、ということのほうが多いことを知っておかなければなりません。

### ◎ 一緒にいる人の魅力度合いに引っ張られる

　ロンドン大学のニコラス・ファールは、40名の大学生にお願

いして、15名ずつの男女の写真に魅力度合いに応じた点数をつけてもらいました。ただし半分の学生は、1人ずつ個別に撮影された写真で評価を行い、残りの半分の学生は、1人ずつで撮影されたものではなく、3人1組の写真でそれを行いました。

　すると、1人ずつ評価してもらったときには、男女ともそれなりに高く魅力を評価してもらえました。

　ところが3人1組の写真で評価させるとき、魅力が劣る男女も交じっていると、そういう場合には、なんと魅力的な人まで魅力が低くなるという現象が確認されたのです。**魅力が劣る人に引っ張られるように、もともと魅力が高い人も魅力が下がって評価された**のです。

### 1人で写っている写真のほうが高く評価された

　たとえば1人だけで評価されたとき、魅力が80点と評価された人がいるとしましょうか。

　その人が、魅力が40点の人と一緒にいると、85点とか90点というように魅力が水増しされるというよりは、むしろ魅力の低

い人のほうに引っ張られて、75点とか70点というように評価されるようになってしまうのです。

◎ **標準化・平準化を逆手にとろう**

つい私たちは、「ブサイクな人とつるんだほうが、自分は美人に（あるいはハンサムに）見えるだろう」と思い込みやすいのですが、これは明らかに間違いだったのです。

ファールの研究では、むしろ1人きりでいるときよりも、魅力は下がってしまうことが判明しているのですから。

**2人以上の人間が集まると、それぞれの魅力は、「標準化」というか「平均化」される**傾向があります。

ですので、魅力が高い人は、低い人のほうに引っ張られてソンをするのです。決して自分が引き立つとか、そういうことにはなりませんので気をつけてください。

反対にこのことは、自分より美人（ハンサム）な人と一緒にいれば、自分の魅力を高めることができる、ということも意味します。これを読んだみなさんは、ぜひそちらのほうを意識して心がけてみてください。

[ "魅力"は、一緒にいる人と平均化する。 ]

# 男と女の心理学

## 04 酔っ払うと女性はみんな 4割増しの美人に見える？

> 異性とお酒を飲んでいると、相手が普段よりかわいく（イケメンに）見えてくる、といった経験はないでしょうか。こうした現象を「ビア・ゴーグル現象」といいます。

### ◎ お酒の「色メガネ」効果

夏の暑い盛りには、ビールがとてもおいしいですよね。

ですが、お酒の飲みすぎには、要注意。飲みすぎは体によくないということもありますが、もうひとつ、**近くにいる異性が魅力的に見えすぎてしまう**、というのが大きな理由です。

男性はお酒を飲んでいると、女性がかわいく（あるいは美しく）見えてしかたがなくなり、抱きついてしまいたくなったり、勢いでキスしようとしたりと、犯罪をおかしてしまうリスクが高まる傾向があります。あとで酔いがさめたとき、「なんであんなことをしたんだろう？」と後悔しないためにも、酔っ払いすぎないことが肝要です。

これは何も男性に限ったことではありません。女性も同じです。

冷静な状態でなら「たいしたことがない男」だと判断できるのに、酔っ払っていると、目の前の男性がそれなりにイケメンに見えてくるのですから、不思議なものです。こういうときに勢いで

セックスなどをしてしまうと、翌日にはものすごく後悔することになるでしょう。

このように、男性でも、女性でも、お酒を飲んで酔っ払うと異性が魅力的に見えてしまうのはなぜなのでしょうか。

◎「ほろよい気分」がちょうどいい

このような現象のことを、心理学では**「ビア・ゴーグル現象」**と呼んでいます。

「ビア」は「ビール」、「ゴーグル」は「色メガネ」のことです。ようするに、**ビールを飲むと、異性が魅力的に見える色メガネをかけられてしまう**、という意味です。読者のみなさんにも、思いあたるところがあるのではないでしょうか。

オーストラリアにあるボンド大学のマイケル・リヴァーズは、80名の大学生を使って、パブである実験をしてみました。

まずリヴァーズは、実験参加者を呼気テストで血中アルコール濃度を3段階に分け、3つのグループに分類しました。

### 3グループに分けた実験

| | |
|---|---|
| ① お酒を口にしていないグループ | しらふ |
| ② 血中アルコール濃度が 0.01 から 0.09％のグループ | ほろ酔い |
| ③ 血中アルコール濃度が 0.10 から 0.19％のグループ | 酔っ払い |

それから、異性の顔写真を見せて、10点満点で点数をつけてもらいました。

もしビア・ゴーグル現象が見られるのなら、酔っ払ったグループほど、異性の写真に高い点数をつけるはずです。

実際の結果は次のようになりました。

**写真に写る異性の魅力は何点？**

① しらふ　　　　M = 3.26

② ほろ酔い　　　M = 4.67

③ 酔っ払い　　　M = 4.50

もっとも低い点数をつけたのはお酒を飲んでいないグループです。まったくアルコールを口にしていないのですから、冷静に判断できたのでしょう。

**ほろ酔いグループと酔っ払いグループでは、グッと高く異性の魅力を評価しました。**

ただし酔っ払いすぎると、逆に、魅力の評価は下がるようです。べろんべろんになると、異性などどうでもいいという気持ちになるのでしょうか。

上記の魅力の評点から計算すると、**お酒を飲んでいないしらふの人に比べて、ほろ酔いの人は43％も高く（魅力があると）異性を評価をしている**ことになります。お酒の力はすごいですね。

なお実験では、男女別の分析もなされましたが、性差はありま

せんでした。**ビア・ゴーグル現象は、男性にも、女性にもどちらにも見られる現象**ということです。

◎ **自分の魅力を高めるチャンス**

酔っ払うと異性に魅力を感じてしまうということは、逆にいうと、**お酒の席は自分を魅力的に見せるチャンス**ともいえます。そういう意味では、ここぞというときに、上手にお酒の席を活用してみるのも「あり」でしょう。もちろんハメをはずして後悔することがないよう、注意することも必要です。

そんなこんなで、次の飲み会では、あなたやまわりの人の気持ちが、お酒によってどう変化しているか、観察してみるのも楽しいかもしれませんね。

［ 魅力的に見せたいなら、お酒の力を借りよう。 ］

# 男と女の心理学

ビア・ゴーグル現象

第 1 章 『見た目とファッション』の心理学

## 05 男性のモテ顔は「4割くらい女性化した顔」?

> 男性のアイドルグループは昔から女性の心を離さず、不動の人気を誇っています。その人気ぶりは男らしい顔だちの人に比べて、はるかに高いように思えます。なぜなのでしょうか。

### ◎ 女性は女性的な性格を求める?

男らしい顔というと、顔が大きくてアゴがしっかりしていて、眉毛が太いといった特徴があります。

男性ホルモンが多く分泌されているとこういう男らしい顔になるらしいのですが、実のところ、こういう男らしい顔はあまりモテない、という残念なデータがあります。

英国セント・アンドリュース大学のペントン・ヴォークは、イギリスの雑誌から男性の写真を抜き出し、その社員をCGによって、どんどん女性化させてみました。たとえば、鼻を小さくし、目を大きくし、頬をふっくらさせる度合いを変化させて、女性らしい顔だちにしてみたのです。また、CGによってどんどん男性的にした写真も作ってみました。

さて、その写真を使って魅力の実験をしてみたところ、**「4割くらい女性化した顔」がもっとも魅力的**だという評価を受けました。ただし、女性的な顔だちがモテるといっても、それには限界があって、あまりにも女性的に見えすぎると、今度はナヨナヨし

029

ていると思われるのか、嫌われてしまうようです。また、極端に男性的な特徴を持った顔も嫌われました。

ではなぜ、女性的な顔だちの男性がモテるのでしょうか。
その理由は、ペントン・ヴォークによると、女性的な顔だちをしていると、**「この男性はとても自分にやさしくしてくれるかもしれない」**というイメージを与えたり、**「この男性は、面倒見がよくて、将来、やさしいパパになってくれるかもしれない」**というイメージを与えるから、だそうです

女性的な顔をしていると、**「性格も女性的なはず」**と、女性は思い込むのです。実際に、そうなのかどうかは別なのですが、ともかくそういう思い込みを与えやすいので、女性にモテるというわけです。

◎**「男らしい顔」はあまりモテない？**
男らしい顔をしていると、たしかに「男らしい」とは思われるものの、この人は粗雑なのではないかとか、暴力をふるうのではないかとか、そういう悪いイメージを与えてしまうのかもしれません。本当はそんなことがないかもしれないのに、顔が与えるイ

第1章 『見た目とファッション』の心理学

メージというのは、予想以上にその人の評価に影響を与えてしまうのです。

「人間は顔じゃない」とはよくいわれるものの、実際には、顔で決まってしまうことは、よくあります。

女性的な顔をしている男性は、それだけで内面も女性的で、**やさしくて、思いやりにあふれていて、面倒見がいい**、といったプラスの評価を受けられます。

女性的な顔を気にして「女の子みたいで自分の顔がイヤだ」と感じている男性もいるかもしれませんが、そういう人は、実はものすごくトクをしているのだと、前向きに考えるようにするといいでしょう。

また男性的な顔の人でも、女性的な態度で接すれば、顔から受ける印象とは違ういい意味でのギャップを与えられるはずです。第一印象では一歩遅れをとるかもしれませんが、めげずに頑張ってください。

> ### 女性的な顔・性格の男が、よくモテる。
> 
> #男と女の心理学

# 06 「美人は3日で飽きる」はウソだった？

> 男性も女性も、パートナーや好きな人の話で盛り上がるときに必ず話題にのぼるのが「顔」でしょう。では美人な女性か、ハンサムな男性かは、後々までどの程度重要になるのでしょうか。

### ◎ 男性は何年経っても飽きない

俗に、「美人は3日で飽きる」などといわれています。どうせ3日で飽きてしまうのだから、女性を顔で選ぶのはバカげているよ、という教えです。けれども、この俗説はまったくのウソ。美人は3日で飽きたりしません。

むしろ、その男性版の「ハンサムは3日で飽きる」というほうが、まだしも真実を言い当てていることが心理学者によって明らかにされています。

### ◎「ハンサムは3日で飽きる」が正しい？

サザン・メソジスト大学のアンドリュー・メルツァーは、新婚夫婦458名を4年間に渡って追跡調査してみました。4年間で、結婚当初の満足度がどれくらい減ってしまうものなのかを調べてみたのです。

メルツァーは新婚時の夫婦についてパートナーの魅力や満足度についても調べていたのですが、美人の奥さんと結婚した男性は、結婚した当初も、4年後も満足度は減ったりしていませんでした。

「美人は3日で飽きる」ということはなかったのです。むしろ、美人と結婚した男性は、4年経っても、「私はなんて果報者なんだ」とホクホクしておりました。

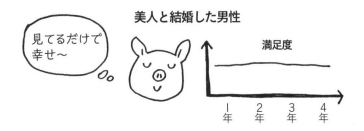

けれども、ハンサムな夫と結婚した女性は違いました。

ハンサムな夫と結婚した女性は、結婚当初こそ、満足度は高かったのですが、4年も経つと、魅力が普通の夫と結婚した女性と、まったく変わらない満足度になっていました。「たしかにうちの旦那はハンサムだけど、人間としてはどうなのかしらね……」と考えるようになったのです。

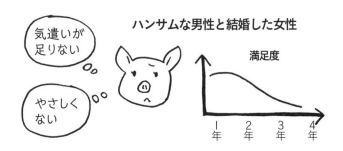

## ◎ 女性は顔で選ぶべき？

男性は、美人の奥さんの顔を見ていられるだけで幸せです。それは4年経ってもそうなのです。

ところが、女性は、ハンサムな夫にはそのうち魅力を感じなくなります。「男は顔じゃない」という俗説もあり、こちらのほうは正しいみたいですね。女性にとっては、やさしさであるとか、思いやりであるとか、気遣いであるとか、そういうもののほうが、長い目で見れば満足度にはプラスに影響するのです。

したがって男性の読者には**「女性は顔で選んでも大丈夫だよ」**とアドバイスできますが、女性の読者には、**「男性はあまり顔で選ばないほうがいいよ」**とアドバイスしたいと思います。男性を顔で選んでも、満足できるのは最初のうちだけで、そのうち他のことが気になり始めるでしょうから。

男性にとっても、当然女性の性格は重要だと思うのですが、やはり顔だちが整っていることのほうが、どちらかというと大切のようです。「見ているだけで幸せ」という気分になれるのですから。

それはちょうど、大好きなフィギュアや高級外車など、自分の好きなものをいつまでも眺めていられる男性特有の心理と関連しているのかもしれません。

> "美人"は3日では飽きない。"男"は顔じゃない。
>
> ＃男と女の心理学

# 07 女性にとって顔は「命」よりも大事？

> 女性にとって「顔」はどのくらい大事なものなのでしょうか。たとえば自殺の際に、女性は顔を傷つける方法はとらない傾向があります。そのくらい顔を気にしているといえます。

### ◎ 自殺のやり方にも影響

「人形は顔が命」といわれますが、女性にとっては、「顔は命」どころか、**命よりも大事なもの**だと考えられているようです。

なぜ命よりも大事だといえるでしょうか。

その理由は、たとえ自殺することに決めたとしても、女性は「顔だけは醜くなりたくない」と考えて、顔が傷つかないような死に方を選ぶ傾向があるからです。

### ◎ 顔が崩れない死に方

米国オハイオ州にあるアクロン大学のバレリー・カラナンは、1997年から2006年までの10年間におけるオハイオ州の自殺統計を分析してみました。

ちなみに、アメリカ人にとってはハンドガンを使った自殺が一般的らしく、ある研究によると男性の88.9％はハンドガンを使って自殺するそうです。狙うのは、頭か、口の中。そこに銃口を向けて自殺するのです。

銃口を頭か口の中に向ければ、一瞬で死ぬことができます。長

いこと苦しむようなことはありません。一番ラクな死に方だといえるでしょう。

ところが、この死に方をすると、当然、顔が吹き飛んでしまうので、非常に醜い死に方になってしまいます。女性にとって、「顔が醜くなるのは許せない」という気持ちがありますから、女性はそういう自殺をしないのではないか、とカラナンは仮説を立ててみたのです。

実際の統計を調べてみると、まさにその通りでした。

女性は、顔を醜くする手段を選ぶことはなく、別の手段を選ぶことが多かったのです。

たとえば、服毒自殺。このやり方を選んで自殺する女性は22.0％でした。男性では、6.9％です。

毒を煽って死ぬというやり方は、きわめて苦しみながら死ぬことになると思うのですが、女性にとっては、「顔が崩れるよりは、ずっとマシ」ということなのでしょう。

全体として、顔が醜くなってしまうやり方をとって自殺する人は男性で48.1％、女性では38.3％と、すべての手段を分析しても、やはり女性は自分の顔を醜くするようなやり方を選ぶほうが、男性よりは少ないという結果が得られました。

## ◎ 女性の顔について触れる際には注意

どうせ死ぬのであれば、できるだけ自分が苦しまないようなやり方を選ぶほうが、合理的な選択のように思えますが、女性にとってはそうではありません。

第1章 『見た目とファッション』の心理学

　たとえ死ぬことになったとしても、自分の顔だけは大切にしたい。そんな気持ちを女性は持っています。だからこそ、**自殺の手段を選ぶにあたっても、顔だけは美しいままで死ぬことができるような方法を選ぶ**のです。
　したがって男性のみなさんには、くれぐれも女性の顔について触れる際には注意を払うようにしてください。不用意な発言をすると人間関係に影響してしまうかもしれないですから。

[　　　女にとって顔は命よりも大事なもの。　　　]
　　　　　　　　　　　　　　　　　　　　　＃男と女の心理学

## 08 美人やハンサムだと有罪になる可能性も低くなる？

> とても美人やハンサムな人を前にすると、たとえその人が悪いことをしても、対応が少々甘くなってしまう、ということはないでしょうか。こうしたことは実際顕著に見られることです。

### ◎「顔だちがいい」だけでトクをする

　まったく同じ悪いことをしても、なぜか美人やハンサムな人はそんなに怒られたりしません。厳しい叱責を受けることが少ないのです。「そんなのは理不尽だ！」と思われるかもしれませんが、それが人の世の常といえるでしょう。

　小学校時代の私は大変な悪ガキでしたので、他の友達と悪さばかりしていました。学校にヘビを持ち込んだり、学校の焼却炉で焼き芋を作ってみたり。

　ところがですよ、先生に怒られるのはいつも私だけ（笑）。たぶん、私がブサイクだったからでしょう。一緒に悪さをしていた他の友達は怒られないのですから、私は小さな頃から、世の中が不平等だということを悟りました。

　さて、少し脱線しましたが、美人やハンサムは、「顔だちがいい」というだけでいろいろとトクをします。
　そのひとつが、たとえ悪いことをしても、許してもらいやすいということなのです。

## ◎「有罪」にもなりにくい？

カナダにあるセント・メリーズ大学のマーク・パトリーは、ある武装強盗の事件についての文章を作り、それを172名の大学生に読ませてみました。そして「もしあなたが判事だとしたら、有罪にするか？」と尋ねてみたのです。

なお、強盗事件についての本文はすべて同一ですが、添付された犯人の写真だけが学生によって違うものが与えられました。魅力的だとあらかじめ判断されている男性、あるいは女性の写真が載せられているか、それとも普通の魅力だと判断された男性、あるいは女性の写真が載せられていたのです。

すると、犯人の顔だちが魅力的な場合、その事件の文章を読んだ学生たちは、みなとても甘くなりました。逆に、普通の顔だちの人が同じ事件を起こしたときには、「有罪」とされる割合は高くなりました。実際の結果は次の通りです。

| 「有罪」と判断された割合は？ | |
| --- | --- |
| 魅力的な男女 | 51.9% |
| 普通の男女 | 77.1% |

この結果を見ると、同じ悪いことをしても、魅力的な人のほうが有罪になりにくいということが明らかですね。

**顔だちがいい人のほうが、同じことをしても大目に見てもらって、見逃してもらえる**ということです。

## ◎ クレーム対応には顔だちのいい人を

顔だちがいいだけでその人に対する印象や行動が変わるのなら、たとえばお客さまの苦情を聞くクレーム係には、できるだけ美人とハンサムな人に対応させればいいことになります。私が経営者なら、そうします。なぜなら、クレームに対応する係の人の顔だちがよければ、お客さまもそんなに怒らないのではないか、と心理学的には予想できるからです。

私たちは、魅力的な人を前にすると、なかなか厳しい態度をとれないものなのです。

## 美人やハンサムはそれだけでトクをする。

＃男と女の心理学

# 09 美人な人ばかり見ていると男性はどんどん不幸になる？

> 私たちは無意識のうちにさまざまなものを「比較」しています。たとえば自分がいま付き合っている彼女についても、好きなアイドルや女優さんの顔と比較をしているものなのです。

### ◎ モデルやアイドルが基準になる？

もしみなさんが恋人のいる男性なら、なるべく他の女性（特にきれいな女性）を見ないようにしたほうがいいでしょう。

特にきれいなモデルやアイドルの女性がたくさん出てくるDVDや写真集を見るのは、あまりオススメできません。

なぜかというと、きれいな女性を頻繁に目にしていると、そういう女性を基準にしてしまい、どうしても自分の恋人と比較をしてしまうからです。

「アイドルの○○ちゃんに比べたら、俺の彼女なんて……」という気持ちになってしまうのですね。これでは恋人にも失礼ですし、付き合いも楽しくなくなってしまいます。つまり、どんどん不幸になってしまう可能性が高まるのです。

### ◎ 無意識のうちに比較してしまう

インディアナ大学のドルフ・ジルマンは、恋人のいる男子大学生にお願いして、半数の大学生には6週間に渡ってポルノを鑑賞してもらいました。かなりおかしな心理実験です。1週間に一

度、実験室に集められては、ポルノを1時間ほど見せられるという実験なのですから。

さて6週間後、自分の恋人についての魅力の評価、あるいは恋人への満足度、セックスへの満足度などを尋ねてみると、ポルノを鑑賞させられた男性グループは、ポルノを鑑賞することのなかった比較グループの男性に比べて、すべての項目で、低い数値を答えました。

きれいな女の子が登場するポルノを何度も見せられた男性は、自分の恋人のことを「悪く」評価するようになっていたのです。「私の恋人はキレイではない」とか「セックスにも満足できない」と考えるようになってしまったのです。

**きれいな女の子を見ていたら、どうしてもその女の子と自分の恋人を比較せざるを得なくなります。**無意識のうちに、そういう比較を行ってしまうのです。

### ◎「比較」によって生まれる幸・不幸

私たちの幸福や不幸は、他人との比較によって生まれます。

かりに年収を1000万円稼いでいる人でも、年収が1億円の人と自分を比べたら、「なんて自分は稼ぎが少ないんだろう……」と落ち込んでしまいますよね。自尊心も低くなるかもしれません。けれども、年収が100万円の人と比べたら、「1000万円も年収があって、自分は幸せだ」という喜びを感じることができるのではないでしょうか。

恋人についても同じで、きれいな女の子と彼女（あるいは、イ

ケメンの男性と彼氏）を比べていたら、なんだか面白くないような気持ちになってしまいます。ですから、そういう比較をしないためにも、できるだけきれいな女性（イケメンの男性）を目にしないようにするのがいいのです。

　彼女とデートしているときにも、街中にいる他のきれいな女性を眺めたりしていると、不幸な気持ちになってしまいますから、なるべく見ないように注意することです。**目の前にいる自分の彼女のことだけ見つめていればよく、他の子には目もくれない、というのが心理学的には正解**といえるでしょう。

[ ただまっすぐに、目の前の相手を見つめよう。 ]

# 男と女の心理学

# 10 「すぐヤレる子」は外見で判断できる?

> 「一夜限りのアバンチュール」というのは、多くの人が一度は夢見ることではないでしょうか。そこで、意欲ある読者のヒントになりそうなことを取り上げてみましょう。

## ◎ だれにでもできる読心術

　私は、心理学者なのでその人の外見を見れば、「ああ、この人は性的に奔放だな」といったことを簡単に見抜くことができます。もちろん、同じことは読者のみなさんにもできます。あるひとつの"手がかり"に注目すれば、だれでも簡単にこれくらいの読心術は手に入るのです。

　では、どんな手がかりに注目するのかというと、それは「タトゥー」です。**身体のどこかにタトゥーが彫られていれば、かなり性的に奔放なタイプ**だといえるのです。一晩のアバンチュールを求めるのであれば、そういう相手を探すとよい、ともいえます。

## ◎ 活発・奔放さの象徴

　テキサス技術大学のジェロム・コッホは、450名の男女について、身体のどこかにタトゥーが彫ってあるかどうかを教えてもらいつつ、さらに、初体験の年齢なども聞いてみました。

　すると、次のような結果が得られました。

**タトゥーの有無と性嗜好・初体験調査**

|  | タトゥーあり | | タトゥーなし | |
|---|---|---|---|---|
|  | 男 | 女 | 男 | 女 |
| 性的な活発度 | 96.1% | 94.6% | 72.4% | 68.1% |
| 初体験の年齢 | 15.8歳 | 16.8歳 | 17.3歳 | 17.2歳 |

ちなみに性的に活発かどうかは、セックス・パートナーの数などで複合的に算出されたのですが、男女とも、タトゥーをしている人は、かなりの高確率(約95%)で奔放なタイプだとみて間違いない、という結果になりました。

また、初体験の年齢についても、タトゥーをしている人のほうが、男女ともに早いことがわかります。早熟な人ほど、タトゥーを好むようです。

だいたい、腕や背中などにタトゥーが彫られた人は、「けっこう遊んでいるタイプなのかな」というイメージを人に与えるものですが、実際にも遊び人だといえるようです。

同じようなデータは、米国ウェスト・バージニア州にあるユニアータ大学のデビッド・ドゥルーズによっても明らかにされています。

ドゥルーズが237名の大学生を調査したところ、タトゥーをしている人のセックス・パートナーは平均3.6人で、タトゥーをしていない人では1.9人でした。

また、タトゥーをしている人は、**どことなく「ワル」なイメー**

**ジを振りまいているもの**ですが、ドゥルーズによると、タトゥーをしている人は、タバコをよく吸い、逮捕された経験があり、女性では、ドラッグの経験、万引きの経験なども、タトゥーがない人に比べて高かったそうです。

　このように、単純にエッチをやらせてくれそうだということからすれば、タトゥーをしているかどうかで判断すればいいでしょう。とはいえ、そういう子は不良だったりもするかもしれません。後々に面倒なことにならないようにするのであれば、うかつに手を出さないほうがいい、ということもいえそうです。
　それでも、こうした心理学的な研究があることは、相手を見抜くヒントになるのです。参考にしてみてください。

[　　　　タトゥーをしている女は性的に奔放だ。　　　　]
＃男と女の心理学

ただし、
タバコ、ドラッグ、
万引き、逮捕の経験を
持つ傾向もあるので
ご注意！

## 11 体型を見ればケンカが絶えないカップルかわかってしまう?

男女の心はさまざまなことで日々揺れ動きます。たとえば「体型」ひとつにも影響を受けています。ここでは、ケンカをしやすい体型の組み合わせをご紹介しましょう。

### ◎ 体型によってうまくいく組み合わせがある?

男女にはいろいろな組み合わせがあります。お互いに背の高いカップルもあれば、美女と野獣のような組み合わせもあります。ここでは、男女の「体型」に関する組み合わせについて考えてみることにしましょう。

米国ワシントン州にあるピュージェットサウンド大学のトリシア・バークは、何十組かのカップルに、日記を書くように求めました。毎日、どれくらいケンカをするのか、それとも仲良くやっているのかの記録をつけさせたわけです。

バークはその一方で、それぞれの体重についても教えてもらいました。そして、ケンカをしやすい体型の組み合わせについて探ってみたのです。

すると、もっともケンカをしないのは、**「体重がそれほど食い違わないカップル」**でした。お互いに中肉中背であるとか、お互いにぽっちゃりのカップルのように、体型もそれほど変わらないカップルは、めったにケンカをしなかったのです。

なかでも一番仲良くやっていたのは、**「男性も女性もやせ型」**という組み合わせでした。どちらもスレンダーなカップルは、ケンカもしないようです。

　一方で、男性が太っているとか、逆に女性が太っているとか、体重が食い違うカップルでは、ケンカが絶えないことがわかりました。

　特に、最もケンカが多かったのは、「男性がやせ型で、女性が肥満型」という組み合わせでした。

　なぜ、この組み合わせでもっともケンカが見られるのかは、よくわかっていません。そういう事実だけがわかっているだけです。

### 体型がほとんど同じ
→うまくいきやすい

### 男性がやせ型・女性が肥満型
→うまくいきにくい

第1章 『見た目とファッション』の心理学

◎ 彼氏の体型がイライラを増幅させる？

これはひとつの解釈でしかありませんが、**自分が太っている女性は、彼氏がやせているのを見て、イライラさせられることが多い**のではないでしょうか。彼氏と一緒にいると「なんで私じゃなく、あなたがやせているのよ！」ということに否応なく気づかされ、怒りっぽくなって、つい八つ当たりしてしまうのではないかと考えられるのです。

一般に、**「女性はスレンダーであるべき」**という社会通念がありますから、肥満の女性は自分が理想の女性とはかけ離れていることに不満を感じていることでしょう。そういう不満は、彼氏がやせているとさらに増幅しやすく、それゆえケンカになりやすいのではないでしょうか。もちろん、これは私の解釈であって、実際にそうなのかどうかは詳しく研究してみないとわかりません。

ともあれ、もし自分がやせ型の男性なら、かりにぽっちゃりの女性が大好きでも、できれば避けたほうがいいかもしれません。お付き合いすることになっても、ケンカばかりではお互いに不幸になってしまいます。もちろん、それでもぽっちゃりの女性がいい、というのであれば、なるべくケンカをしないように、大きな愛情を持って接してあげるとよいでしょう。

[ ケンカは体型が似ていれば起きにくい。 ]

# 男と女の心理学

049

# 第2章
# 『かけ引きと会話』
# の心理学

## 12 女性が振りまく笑顔は赤ちゃんのときから打算的？

> 女性からたくさんの笑顔を向けられると、つい気分よくなってしまうのが男性の心理でしょう。ところが、女性は愛想を振りまくためにニコニコしていることが少なくありません。

### ◎ 笑う女性、笑わない男性

　男性は、女性に比べると本当に愛想がありません。いつでも、不機嫌そうな顔をしていて、まったく笑わないのです。

　かつての日本には、「片頬三年」などという言葉もありました。男性は、3年にいっぺん、しかも片頬をほんの少し持ち上げるくらいに笑えば、それで十分すぎるくらいだ、という意味です。それくらい笑わないのが男性なのです。

　反対に、女性はいつでもニコニコしています。もともと女性は、だれに対しても愛想を振りまくような、生まれつきな素養があるのかもしれません。なぜ愛想を振りまくのかというと、そうしておけばだれからも好かれるから。あるいは、ひどい扱いを受けないから。女性は、**「愛想を振りまいておいたほうがトクだ」**ということを本能的にわかっているのかもしれません。

### ◎ 乳児のときから違う笑顔の振りまき方

　カリフォルニア州立大学のマリネラ・ファリスは、生後2か月の男の子32名と、やはり生後2か月の女の子32名に対して、

母親と、まったく面識のない女性とが、交互に3分間ずつ赤ちゃんに話しかける、という実験をしたことがあります。

その場面をビデオにとっておいて、赤ちゃんが笑っている笑顔の持続時間を測定してみたのです。その結果は、次のようになりました。

**赤ちゃんが笑っている時間**

|  | 母親 | 知らない女性 |
| --- | --- | --- |
| 男の子 | 12.15秒 | 6.43秒 |
| 女の子 | 4.35秒 | 8.68秒 |

←知らない大人

男の子は、自分の母親の顔が目の前にきたときに、たくさん微笑みました。自分の大好きなお母さんを見て、嬉しくなったのでしょう。ところが、知らない女性が目の前に立ったときには、あまり笑わなくなりました。そういう意味では、自分の感情に忠実な笑いといえます。

ところが、女の子は逆です。自分の母親にはあまり笑いかけず、むしろ、知らない女性がきたときにたくさん笑ったのです。

## ◎ 女性の笑顔は打算的？

母親には、愛想を振りまく必要はありません。愛想など振りまかなくとも、面倒を見てくれることを知っているのでしょうか。けれども、知らない人には、とりあえず愛想を振りまいておかないと、その人がどんな人なのかがわからないので、ひどい扱いを受けてしまうかもしれません。女の子は、本能的にそれを察知して、急にニコニコし始めるのです。

愛想を振りまくのは、自分が嬉しいからではなく、そうしたほうが安全であるとか、トクをする、ということがわかっているからであり、とても打算的なのです。しかも、これは生まれた直後から見られる男女の違いなのですから驚きです。

したがって、もし女性がニコニコと笑顔を見せてくれるからといって、「あっ、この子は私に気があるんだな」などと誤解しないようにしましょう。女性は、ホンネとしては楽しくなくとも、相手との関係を気まずいものにしないためだけの理由で、愛想を振りまくことはよくあることなのです。

> 微笑んでいても好意があるとは限らない。

\# 男と女の心理学

第2章 『かけ引きと会話』の心理学

# 13 距離を縮めたいなら観るべき映画はどのジャンル？

> デートの定番といえば映画を観に行くことではないでしょうか。実は映画の種類によって、観たあとの恋愛感情が微妙に違うことがわかっています。

### ◎ あまりに有名な「吊り橋効果」

みなさんは**「吊り橋効果」**という言葉を聞いたことはないでしょうか。あまりにも有名になりすぎてしまったので、たいていの恋愛本に書かれています。本書では取り上げるのをやめようかとも思ったのですが、一応、ご説明しておきましょう。

吊り橋効果というのは、**吊り橋のような、足元が不安定でドキドキしてしまう状況で出会った男女は恋に落ちやすい**、という心理効果のことをいいます。本当は、吊り橋の上にいるためにドキドキしているだけなのに、**「私はステキな相手に出会ったのでドキドキしているんだ」と錯覚を起こしてしまい、相手に対する恋愛感情を高めてしまう**、というものです。

ですから吊り橋効果を狙うのであれば、たとえばデートをするときには、高い建物の展望台などに連れて行くのがいいということになります。思わず足がすくむような場所に連れて行けば、相手もドキドキするでしょうし、ドキドキさせることに成功すれば、恋愛感情も高めることができるからです。

初めて知った方は「そんな単純なことで本当に恋愛感情が高まるの？」と思われたかもしれませんね。そこで、ここでは2つほど、吊り橋効果に関連した研究をお話しましょう。

### ◎「ドキドキ感」が人を魅力にさせる

南フロリダ大学のブレット・コーエンは、サスペンス・スリラーのような映画は観客をドキドキさせるので、恋愛感情を高めるだろうと予想しました。この仮説を調べるため、映画館から出てくる70組のカップルをこっそり観察してみたのです。

この映画館では、サスペンス・スリラー映画と、ドキュメンタリー映画のどちらかを上映していたのですが、ドキュメンタリー映画を観て出てきたカップルは、何事もなかったかのような顔をして出てきました。手を握ったりすることもあまりありませんでした。

ところが、サスペンス・スリラー映画を観てきたカップルは、お互いの身体を密着させるようにして出てきたのです。腕を組み、顔を近づけて、ベタベタしていたのです。おそらくは映画を観てドキドキしたので、吊り橋効果によって、恋愛感情も高まったのでしょう。

またテキサス大学のシンディ・メストンは、テーマパークで似たような研究を行っています。絶叫系のジェットコースターに乗ろうとしている人、または乗り終えたばかりの人に、異性の写真を見せて、点数をつけてもらったのです。

すると、ジェットコースターに乗ろうとしている人（まだ乗っ

ていないのでドキドキしていない)は、異性の魅力を低く評価しました。デートしたいですかという質問にも、あまり乗り気でないと答えていました。

ところが、ジェットコースターを乗り終えたばかりの人は、同じ異性の写真を見て、「とても魅力的」と答え、「デートもしたい」という回答が多かったのです。ジェットコースターに乗ったばかりでドキドキしていると、異性を魅力的に見てしまうのです。

吊り橋効果については、かなりの研究蓄積がなされていますから、明確な現象だといえます。

**ですから気になる異性と出かけるときには、できるだけドキドキさせるような場所を選ぶといい**でしょう。

たとえばイルカショーを見るときには、なるべく最前列に並んで座って、水しぶきがかかるくらいがいいでしょうね。ドキドキさせることに成功すれば、一緒にいるあなた自身についても高い評価が受けられるでしょうから。

[ そうだ、ドキドキする場所に行こう。 ]

＃男と女の心理学

なんだか
カッコよく
見える…

吊り橋効果
による割増

## 14 仲良くなりたいなら一緒に写真を撮るのが一番？

> みなさんは人と写真を撮ること、写真に写ることは好きですか？
> もし仲良くなりたいと考える人がいるなら、その人と一緒に写真を撮ることがおすすめです。

### ◎ 一緒に写真を撮ろう

　男性は、女性に比べるとあまり写真を撮られるのが好きではないように思います。プリクラなども女性は大好きですが、男性はほとんど撮らないのではないでしょうか。スマートフォンで自撮りするのも女性のほうが熱心なように思います。

　けれども、恋愛テクニックということでいえば、「ねえ、一緒に写真撮らない？」と女性に持ちかけることは、非常に効果的です。「僕は写真を撮られるのがあまり好きじゃないんだ」などと言っている場合ではありません。**どんどん積極的に写真を撮ろうと持ちかけるのが正しい**のです。

### ◎ 異性でも同性でも使えるテクニック

　カナダにあるアルバータ大学のマーク・バーゲスは、一緒に写真を撮ることは、お互いの関係を強化する働きがある、と述べています。

　バーゲスは、92名の大学生のペアを作らせ、半分のペアには一緒に写真を撮るように指示しました。残りの半分のペアでは、

写真は撮らないようにしました。

さて簡単なやりとりのあとで、お互いに感じた魅力や近づきやすさなどを測定してみると、一緒に写真を撮ったグループのほうが高かったのです。バーゲスは、同性のペア、異性のペアでも実験したのですが、どちらも同じでした。

異性と一緒に写真を撮れば、その相手に魅力を感じてもらえるようになりますから、立派な恋愛テクニックとして利用することができますし、相手が同性なら、もっと仲良くなるためのテクニックとしても利用できるのです。

女性同士では、しょっちゅう写真を撮ったり、プリクラを撮ったりしていますが、それはお互いの親密感を高めるのに役立っているといえるのかもしれません。もちろん単純に写真を撮るのが好きだ、というのもあるでしょうが。

### ◎ 写真で心理的な距離を近づけよう

一緒に写真を撮って、一枚の写真の中で密着して微笑んでいる自分たちの姿を見ると、**「私たちは、こんなに親密なのだ」という意識が強化されます。**たとえ、出会ったばかりだとしても、一緒に映った写真を見れば、一気に距離感を縮めることができるのです。

幸いなことに、最近では、スマートフォンでいくらでも写真を撮ることができるようになりました。

男性の多くは、あまり写真を撮られるのが好きではないかもしれませんが、そこは我慢しましょう。**「写真を撮る」という行為**

ではなく、「仲良くなる」ための行為として考えるのです。好きな人との距離を縮めるための作戦だと思えば、写真を撮ることにもそんなに嫌な気持ちにならないのではないかと思います。

また、同じ職場にどうも苦手な同性の先輩や上司がいるとして、そういう人と仲良くなりたいな、と思うときにもこの作戦は有効です。社内旅行に出かけたときや、忘年会のような飲み会の席などで、バンバン一緒の写真を撮らせてもらうようにするのです。そうすれば、苦手な先輩や上司とも、もっと仲良くなれる可能性が高まるでしょう。

[ 写真は仲良しの証明。 ]

# 男と女の心理学

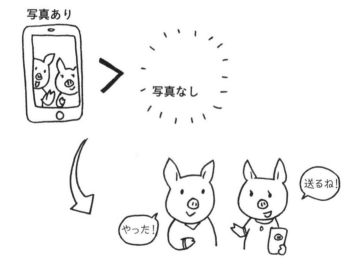

第2章 『かけ引きと会話』の心理学

# 15 「相性がいい」と感じさせる話題って何？

「波長が合う」とか「相性がいい」といったことは、きわめて感覚的なもの、と思われるかもしれません。ところが、こうした印象を意図的に持たせる方法があるのです。

◎「類似性の原理」

お互いにしゃべっていて、「なんとなく波長が合うなあ」とか「相性がいいなあ」と感じることがありますよね。

なぜそんな風に思うのか、自分ではよくわからないかもしれませんが、もちろん、れっきとした理由があります。心理学的にいうと、これは**「類似性の原理」**によるものなのです。

私たちは、お互いに同じような家族構成であったり、同じような趣味を持っていたり、同じ出身地だったりすると、つまり**類似する度合いが大きいほど、お互いに親密感や好意を感じやすくなります**。これが類似性の原理です。

興味深いところでいいますと、お互いの兄弟の数です。

兄弟姉妹が2人の家庭で育った人は、やはり兄弟が2人という人とは、波長がよく合います。1人っ子の人は、相手も1人っ子だと、波長が合うように感じるものなのです。

◎ 兄弟姉妹

ドイツにあるベルク大学のアーノルド・ランゲンマイヤーは、

90組の夫婦について調べて、お互いの兄弟の数が同じだと、結婚満足度も高くなることを突き止めています。逆に、お互いの兄弟の数が違う夫婦では、なぜか満足度は低くなる傾向が見られました。

　たしかに、「あっ、○○さんも兄弟が２人なの？　僕もなんだよ」「えっ、××さんも３人兄弟の真ん中なんだね」などとしゃべっているうちに、お互いの仲は良くなっていくものです。兄弟姉妹の話というのは、初対面での話題としてもそんなにおかしくないですし、仲良くなりたいなという人がいるときには、ぜひ切り出しておきたい話題です。

　たまたま兄弟が同じ数であるとか、あるいはお互いに２番目だったりすれば、類似性も高くなりますし、簡単に親しくなれる傾向があります。もし兄弟の数が違うのであれば、さりげなく別の話題にすればいいだけです。

### ◎ 誕生月・星座

　誕生月や星座についての話題でもいいですね。これについても類似性の原理があてはまることは確認されています。

　サンタクララ大学のジェリー・バーガーは、「あっ、あなたと私は誕生日が一緒なんですね」と伝える実験をしたことがあります。もちろん、相手の誕生日はあらかじめ調べておいて、実験アシスタントがウソをついたのですが。

　それでも誕生日が同じだと告げられた相手は、相手に親しみや好意を感じることが明らかにされました。

誕生月については、ピッタリ一致していなくとも、たとえば7月と8月くらいであれば、「ほとんど同じ」アピールをして類似性を感じさせるのもいいでしょうし、「お互いに夏生まれ」とか「冬生まれ」ということで類似性を感じさせてもいいかもしれません。

### ◎「類似性」を意図的にアピールする

　このように、結局、お互いの波長が合うとか、相性がいいといった印象は、**どれだけ類似性が高いのか**である程度決まってくるのです。お互いに共通点があればあるほど、お互いの仲は親密になっていくという原理を覚えておくと、いろいろな場面で役に立つでしょう。

　ちなみに、**会話が得意な人は、類似性のアピールを無意識のうちにやっている**ものです。ぜひあなたもこのテクニックを会話の中にとり入れてみてください。きっと以前に比べてお互いが親密になっていることを実感できると思います。

> "同じ・近い・似ている"を意図的に量産しよう。

＃男と女の心理学

## 16 話し方だけで「気が合う」と思わせる方法がある?

> 普段あまり意識していませんが、私たちは自分の話し方に近い人を好む傾向があります。ですから、相手の性格に応じた声で話しかけるといいでしょう。

◎ **話のペースやトーンは相手に合わせよう**

　性格的に落ち着いた人は、落ち着いた声で話すものです。そして、そういう人はまた、相手にも落ち着いた声を求めます。そういう人としゃべっていると、「相性が合う」と感じるのです。

　落ち着いた声の持ち主にとっては、大声で元気いっぱいに話す人が耐えられません。そういう人の声を聞くと、「頭の中がキンキンしてくるよ。もう少し静かにしゃべってくれないかな」と感じてしまうのです。

　ところが性格的に、精力的で、朝からステーキを平気で食べられるような人は、この反対です。自分自身も元気いっぱいの声で話しますが、やはり元気のいい声の持ち主が好きです。静かにしゃべる人を見ると、「元気がないなあ」と悪く評価します。

　結局、私たちは、**自分の性格に合った声の持ち主に惹かれる**ようなのです。

◎ **性格が「話し方」の好みを分ける**

　スタンフォード大学のクリフォード・ナッスは、性格テストで

外向的と判断された36名と、内向的と判断された36名に、外向的な人の声(元気で、早口で、大きな声)と、内向的な人の声(落ち着いていて、ゆっくりで、やや小さい声)を聞かせて、10点満点でどれくらい好きかを尋ねてみました。

| 内向的な人の好み | | 外向的な人の好み | |
|---|---|---|---|
| 内向的な声 | 外向的な声 | 内向的な声 | 外向的な声 |
| 2.82 | 2.21 | 1.69 | 3.08 |

　すると、外向的な人は外向的な声を高く評価し、内向的な人は内向的な声を好むことがわかったのです。

　性格が内向的な人に元気な声で話しかけたりすると、「うるさい人だなあ」とか「やかましい人だなあ」と悪く評価されてしまいます。ですから、相手を見て、内向的な人であれば、できるだけ穏やかな声で話しかけてあげましょう。そうすれば、相手に好かれるはずです。

　ひょうきん者で、とにかく午前中から元気いっぱいに見える人は、とても外向的な人です。こういう人は、やはり外向的な声が好きですから、できるだけ陽気な声で、弾んだ感じの声で話しかけてあげるといいでしょう。そのほうが、「俺たちって気が合うな」と思ってもらえるはずです。

合コンなどで女性を笑わせようとして、はしゃいだ声で話しかけたほうがいいと思い込んでいる男性は多いと思いますが、もしその子が内向的な女性だったら、その作戦は逆効果になります。内向的な人には、できるだけ静かな声で話しかけたほうがうまくいくのです。

　このように、相手のトーンにしっかり合わせることを意識すれば、相性のよさを感じ取ってくれるはずです。そのためには、まず相手の好みのトーンを把握することに努めてみてください。

[ 話のペースやトーンを合わせるだけで好印象。 ]

＃男と女の心理学

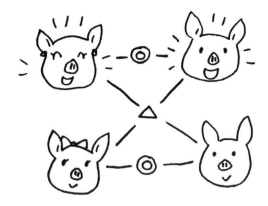

第2章 『かけ引きと会話』の心理学

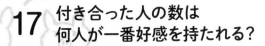

# 17 付き合った人の数は何人が一番好感を持たれる？

> たまに"モテ自慢"をする人がいますね。でもあまりにそのことを吹聴しすぎると、聞いている人は引いてしまいかねません。では、どのくらいの"モテ度合い"が好まれるのでしょうか。

### ◎ モテ自慢はイメージダウンにつながる

　かりに読者のみなさんが異性にモテモテの人間だったとしても、そういうことはなるべく人には語らないほうがいいでしょう。「私は、これまでに100人の男性とお付き合いしてきたのよ」といった話は、できるだけ黙して語らないのが正解です。能の大家である世阿弥も言っていますよね、「秘すれば花」と。

　異性に自分がモテることを自慢しようとすると、それを聞いた相手はどう思うでしょうか。
　「いやあ、とても魅力的な人なんだろうな」と思うのでしょうか。
　いえいえ、そういう風にはなりません。むしろ、「自分はそういう相手とは、あまりお付き合いしたくないな」と敬遠したくなるものなのです。
　たくさんの女性とお付き合いしたことがある男性は、なんだか軽薄なイメージを与えますし、たくさんの男性とお付き合いしたことのある女性は、尻軽女だと思われてしまうかもしれません。

067

◎「２〜３人」が魅力的？

アリゾナ州立大学のダグラス・ケンドリックは、お付き合いしてきた恋人の数をあれこれと違う数にした男女の紹介文を作って、「あなたにとって、この人物はどれくらい望ましいですか？」と尋ねる実験をしてみたことがあります。

その結果、女性から見た場合、**「元カノの人数がゼロから２人」**くらいの男性が望ましいという結果が得られました。あまり他の女の子とお付き合いしていない男性のほうが、女性の目には好ましく映るようです。「３人以上」の女性と付き合ったことのある男性では、好ましさは減っていきました。

一方、男性から見た場合は、どうなのでしょう。

**「元カレの数がゼロから４人」**までは、１人増えるごとに魅力は高まりました。ところが、「５人以上」の男性とお付き合いしたことがあるという場合には、魅力は減りました。多くの男性とお付き合いしている女性に対しては、男性はどうも引いてしまうようです。

第2章 『かけ引きと会話』の心理学

## ◎ 正直者がバカを見る？

ともあれ、人生の中で自分がこれまでお付き合いした恋人の数は、せいぜい数人くらいまでが好ましいと評価されるようです。

たとえ100人とお付き合いしたことがあったとしても、これまでの恋人の数を尋ねられたときには、「2人くらいだよ」とウソをついておくのが無難ということになるでしょう。

ですから、自分がいかにモテるのかをアピールしようとして、何十人もの異性とお付き合いしてきた、などということは口が裂けても言ってはいけません。いつでも正直なほうがいいかというと、そんなこともないのです。いつでも正直なのは、正直者ではなく、ただのおバカさんでしかありません。

> モテ自慢はモテない。
>
> # 男と女の心理学

## 18 男性は低い声、女性は高い声の人がよくモテる?

> 低い声の男性は、なんとなくダンディーで落ちついた印象を与え、それだけでカッコイイ気がしてくるものです。私たちの感情は、声の高低にどの程度影響を受けているのでしょうか。

◎ 声の高低が人の魅力を左右する?

ウシガエルの世界では、低い声で鳴くオスほど、メスにモテるといわれています。だいたい体が大きい個体ほど、声も低くなる傾向があって、低い声で鳴くことは、「僕は立派な体をしているんだよ」というアピールになるのです。

人間の世界でも、この基本原理は変わりません。

やはり、低い声の男性のほうが、女性によくモテることがわかっています。

サザン・メソジスト大学のダイアン・ベリーは、124名の男女に、ゆっくりとアルファベットを読み上げてもらい、その声を録音させてもらいました。

それから、別の90名に声を聞いてもらい、「どれくらい魅力を感じますか?」と尋ねてみたのです。

その結果、男性は、低く、大人っぽい声の持ち主ほど、魅力的だと評価されました。子どもっぽくて高い声の男性は、不人気だったのです。

**声が低いということは、立派な体格をしていて、成熟した大人の男性であることの証**となります。女性は、大人の男性が大好きですから、低い声の持ち主ほど、実際の年齢にかかわりなく、モテやすくなるのです。

一方で女性のほうでは、これが逆でした。
**女性は、子どもっぽくて、高い声の持ち主ほど、男性にとっては魅力的な声**だという評価が高くなりました。男性が女性に求めるもののひとつに、「若さ」があるわけですが、高い声は、「若さ」のアピールにつながるのかもしれません。

一般的に、人は年齢が若いほど高い声を出しますが、高い声の女性は、自分ではそのことに気づかないかもしれません。でも知らず知らず「私は若さを持っています」というアピールをしていることになります。だからモテるのです。

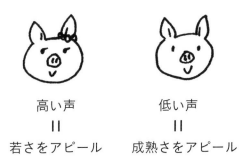

高い声　　　　低い声
　＝　　　　　　＝
若さをアピール　成熟さをアピール

## ◎ モテるための声の出し方

ちなみに、自分が出す声というのは、ボイス・トレーニングを受けることによって、かなりの程度まで変えることができます。

イギリスのサッチャー元首相は、成熟して、落ち着いた人間をアピールするために、あえて低い声を出すためのトレーニングを受けたという話は有名です。

ですので、男性の読者が女性にモテたいのであれば、できるだけ低い声を出すような訓練をしましょう。そして大人の渋い声を出せるように努力しましょう。仕事のときにも、低い声で話をするようにしたほうが、専門性や信ぴょう性の評価も高くなるはずです。

一方で女性は、明るく、陽気に聞こえるような弾んだ声を出すように心がけましょう。普段から、そういう声を出すようにしていれば、さらに異性にモテるようになります。

> ## 与える印象は声の高低に左右される。
> 
> \# 男と女の心理学

第2章 『かけ引きと会話』の心理学

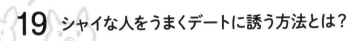

# 19 シャイな人をうまくデートに誘う方法とは？

> シャイな人にとっては、まだよく知らない相手と一対一になることに、とても勇気がいるものです。そんな人を誘う場合には、「社会的代理人仮説」を知っておくといいでしょう。

### ◎「社会的代理人仮説」とは

シャイな人は、自分1人で見知らぬ場所に出かけるということはしません。友達が一緒についてきてくれないと、1人では出向く勇気が持てないからです。

心理学の言葉で、**「社会的代理人仮説」**というものがあります。**シャイな人は、代理人（友人）がいないと、社交的な場には出かけることができない**という仮説です。

たとえば人見知りが始まった子どもは、お母さんが一緒についてきてくれないと、幼稚園にも、遊び場にも行けません。人見知りの子はお母さんの姿が見えているからこそ、安心して公園で遊べるのです。これは男性でも、女性でもそうです。

### ◎ シャイな人の気持ちを理解しよう

米国ノースカロライナ州にあるエリザベス・シティ州立大学のスコット・ブラッドショーは、極度にシャイと判断された84名の女性と27名の男性を対象に調査を行って、彼らは友人と一緒にいることで、不安が軽減できることによって、はじめて社交の

場に出られることを確認しています。

　こういった人は、**「友達が一緒なら行きます」「友達が来ないなら、私も行きません」**と考える傾向があります。これがシャイな人の行動です。

◎ **シャイな人をデートに誘う方法**

　したがって、もしシャイな女性をデートに誘うのであれば、いきなり一対一でどこかに出かけようというのは難しいでしょう。

　こんなときは、相手の不安を軽減してあげるためにも、「お友達の○○ちゃんも誘っていいよ」と言ってあげるのがコツです。そういう「代理人」がいてくれれば、彼女も安心して来てくれるはずです。

もしかすると、「それではちっとも面白くない」と思われるかもしれませんね。でも別にずっと永遠にそうしろと言っているわけではありません。

　最初の何回かはグループでデートしていれば、そのうちシャイな女の子も、少しずつ心を開いてくれるようになります。親しみも感じてくれるでしょう。ある程度、打ち解けた関係になってからであれば、２人きりでデートできるようになります。それまでほんのちょっぴり我慢するだけです。

　このように、シャイな女の子といきなり２人きりでデートするのは、彼女にとってハードルが高すぎます。そんなムリなお願いをして断られるくらいなら、他の友達を連れてきてもいいので、**まずはグループでの交際からスタートしたほうが、回り道のように見えて、結局は近道だったりする**のです。

　また、もしあなた自身がシャイな人なら、まずは友人と一緒に出かけていくと、へんに緊張せずに済むでしょう。

[　　　　シャイなら"代理人"を立てて挑もう。　　　　]

# 男と女の心理学

## 20 重いカバンを持つと ナンパに失敗するのはなぜ？

> あなたのカバンの中はスッキリして軽いですか。それともたくさんの物が入って重たいでしょうか。持っている荷物の量によって、私たちの気持ちは意外なほど左右されているのです。

### ◎ ココロは身体の影響を受けやすい

ナンパに出かけるとき、あるいは気になる女性と遊びに出かけるときには、なるべく身軽にして出かけるのがポイントです。重い荷物などは、持ち歩いてはいけません。できればカバンも持たないほうがいいくらいです。

なぜかというと、**重い荷物を持っていると、それだけで「女の子を口説くのは難しいに決まっている」と感じるようになってしまう**からです。

私たちの精神は、自分が思っている以上に身体の影響を受けやすく、重い荷物を持っていると、心のほうも折れやすくなるのです。身体が疲れていたり、だるかったりすると、心のやる気も出なくなりますよね。それと同じで、重い荷物を手に持っていたりすると、それだけで「なんとなく今日はダメだな」と感じて、挑戦する意欲も減ってしまいます。

女性は、男性と違ってナンパに出かけるということはあまりないと思いますが、女性もできるだけ身軽なほうがいいと思いますよ。なぜなら「積極性」のようなものが失われる可能性があるか

らです。

## ◎「口説く」心理的ハードル

ドイツにあるオスナブリュック大学の**カイ・カスパー**は、男性92名、女性87名に集まってもらって、異性の写真を10枚見せて、「この男性(女性)を口説くのは、どれくらい難しいと思いますか?」と尋ねてみました。

なおカスパーは、写真を貼りつけたクリップボードを手渡したのですが、そのときのクリップボードの重さを変えました。片方のクリップボードは576グラムの軽いもので、もう片方は2026グラムのクリップボードだったのです。

すると不思議なことが起こりました。

なんと、重いクリップボードを持って異性の口説きやすさを評価すると、「この人を口説くのはより大変」という答えが続出したのです。軽いクリップボードのときには、「私ならけっこう簡単に口説けちゃうと思う」という答えが多く見られたのとは好対照でした。なお、これには男女差はありませんでした。

男性でも、女性でも、手に何か重いものを持っていたりすると、「自分には異性を口説くなんて困難だ」と感じやすくなるということです。

## ◎ 身軽が一番

せっかく新たな出会いを求めて街に出かけるのなら、なるべく身軽で出かけたほうがいいですよ、と私がアドバイスするのは、

このためです。重い荷物を持っているだけで、心が振るわなくなってしまいますから。

ついでにいうと、私は仕事に出かけるときにも、カバンの中はできるだけスッキリさせています。なぜかというと重いカバンを持ち歩いていると、それだけで疲れますし、精神的にもやる気が出てこなくなるからです。

かつては本を5冊も10冊も入れて、重いカバンを持ち歩いていましたが、そうすると打ち合わせをするときにも、「どうせ今回の企画も通らないんだろうな」と暗いことばかり考えてしまいました。しかし、カスパーの研究を知ってからは、なるべく身軽なほうが心も軽くなることがわかったのです。読者のみなさんも、ぜひお試しください。こういうささいなことが、日々のやる気や積極性に影響してくるものですから。

[ 荷物が軽ければココロも軽やかになる。 ]

# 男と女の心理学

# 第3章
# 『好みと性格』
# の心理学

# 21 男性はやっぱりみんな巨乳好き？

> 男性はどういうわけか、おっぱいが大好きです。それはブラジャーのカップを変えただけで男性の反応が変わるくらい、はっきりしたことです。

◎ **興味がない人はまずいない**

女性の胸が嫌いだという男性はいないでしょう。「巨乳が好き」とまではいわなくても、おっぱいそのものに興味がない、という男性はまずお目にかかりません。

なぜ男性が女性の胸が好きなのかということについては、よくわかっていません。赤ちゃんだった頃のノスタルジックな気持ちを思い出させてくれるからとか、柔らかな感触が好きだからとか、いろいろな説が提唱されてはいるものの、とりあえず「女性のおっぱいが好き」ということだけは間違いなさそうです。

男性は、大きな胸の女性には、無意識のうちに「吸い寄せられる」という興味深い実験データがあります。

実験をしたのは、フランスの南ブルターニュ大学のニコラス・ゲーガンです。

◎ **無意識に吸い寄せられる？**

ゲーガンは、20歳の女性に、ジーパンに白いシャツ、お化粧はせずにヒッチハイクをするようにお願いしてみました。彼女は、

15名の男性から、ごく平均的な魅力だと評価されています。時間は午後2時から6時までと決められました。

ただし、ヒッチハイクにあたって女性は事前にブラジャーのカップを変えるように指示されていました。Aカップのときもあれば、Bカップ、Cカップのときもありました。この3つの条件でヒッチハイクをしてみたのです。

なお、その場面は2人の観察者が500メートル離れたところから測定していました。止まってくれるのか、それとも通り過ぎてしまうのか、また運転手の性別が男性なのか、女性なのかの記録をつけていたのです。その結果は、次のようになりました。

**男女別・運転者が車を止めた確率**

|  | Aカップ | Bカップ | Cカップ |
|---|---|---|---|
| 運転手が男性（774名） | 14.92% | 17.79% | 24.00% |
| 運転手が女性（426名） | 9.09% | 7.63% | 9.33% |

**やってくる運転手が女性の場合には、ヒッチハイクをする女性のブラジャーのカップには影響を受けませんでした。**胸が小さかろうが、大きかろうが、まったく何の影響も及ぼしていなかったのです。

興味深いのは、運転手が男性だったときです。男性の運転手は、**女性がAカップのときよりも、Cカップのときのほうが統計的**

**にも差が明らかなほど止まってくれる割合が増えた**のです。男性は大きな胸の女性に吸い寄せられ、しかも親切を施してくれるのですね。

◎ **大きく見せたほうがトクをする？**

世の中は、まことに不平等、不公平にできておりますが、「胸が大きい」というだけでいろいろな好意を受けられる女性もいるということになります。職場でチヤホヤされたり、お客さんにご贔屓にしてもらったり。

幸い、胸を大きく見せるためのブラパットなどもありますから、女性はなるべく自分の胸を大きく見せるようにしたほうが、いろいろな場面でトクをすることができるといえるでしょう。

[ 男は巨乳に引き寄せられている。 ]

＃男と女の心理学

第3章 『好みと性格』の心理学

## 22 「男は浮気するもの」って心理学的にも正しいの?

> 昔からよく「男性は浮気っぽい」といわれています。これは世界的にいえることで、むしろ日本を含めた東アジア地域は、世界の中でもっとも淡白な地域といわれています。

### ◎ 中東の男性は「3人はほしい」?

男性は世界中のどの地域でも、「たくさんの人とお付き合いしたい」と思っているものです。もっといえば、男性は「たくさんの女性とセックスできればいいな」、と思っているといっていいでしょう。

なぜ男性は、そんなにたくさんの女性を求めるのでしょうか。進化心理学的には、**「たくさんの子孫を残したいため」**ということに、一応はなっています。本当なのかどうかはわかりませんが、心理学的にはそう説明されることが多いのです。

ミシガン大学のデビッド・シュミットは、世界中の52か国の男女に、「理想としていうと、あなたは何人のセックス・パートナーがほしいですか？」と尋ねるという、大変に大がかりな研究をしてみたことがります。

　シュミットは、世界を10の地域で区分してみたのですが、男性のトップは中東地域で、理想のパートナーの数は 2.54人 でした。「2人、いやできれば3人くらいはほしいな」という答えだったといえるでしょうか。

　女性のトップはというと、東ヨーロッパ地域の女性たちでした。
とはいえ、その数はというと 1.01人 でしたから、「1人いれば十分」ということです。女性は、そんなにたくさんのセックス・パートナーがほしいわけではなかったのです。

### ◎ 東アジアの女性は「男なんていらない」？

　一番淡白だったのが、日本を含めた東アジア地域です。
　この地域の男性は、理想のセックス・パートナーは平均して 1.25人 でいいや、ということでした。「恋人の他に、もう1人くらいいてくれるのが理想かな」ということでしょう。何十人も、何百人もほしいのかというと、そんなこともないようです。

　東アジアの女性たちは、さらに淡白で、0.35人。一番セックス・パートナーを求めないことも明らかにされました。

　0.35人という数値は1を下回るわけですから、単純に考えれば、「男なんて1人もいらない」ということなのでしょうか。な

るほど、そう考えると昨今の少子化についても、その理由の一端がうかがい知れます。

　ともあれ、**世界のどの地域をとっても、男性は相手が1人だけではどうも満足できない**ようです。
　金銭的な問題やら、時間的、労力的な制約などがあって、1人の恋人だけとお付き合いしている男性でも、心の奥底に潜んだホンネからいうと、「他の女性ともお付き合いしてみたいものだ」と考えているに違いありません。
　ですから、**よく"男性は浮気っぽい"といわれることについては、心理学的にはその通り**なのです。
　また女性は、男性に比べるとあまり浮気もしませんが、それはそもそも、そんなに多くの人とお付き合いしなくたって全然かまわない、という基本的な心理によるものなのでしょう。

> 「男は浮気っぽい」は世界共通の真実。
>
> ＃男と女の心理学

# 23 なぜ多くのカップルは男性のほうが背が高いの？

> 周囲を見渡してみると、多くのカップルは、どういうわけか男性のほうが背が高く、女性のほうが小さいことが多いようです。「理想の身長」は男女でうまくバランスがとれているのです。

### ◎ 男性のほうが高く、女性は低い

街中を歩いている恋人たち、あるいは公園を散歩しているご夫婦などを観察していると、とても興味深い現象に気づきます。

**どのカップルも、たいてい男性のほうが女性よりも背が高い**、という組み合わせになっているのです。もちろん、例外もありますが、基本的には、男性のほうが女性より背が高いという組み合わせが大半のように思われます。

そんなに背が高くない男性でも、彼女はというとさらに背が小さくて、やはりカップルとしては男性のほうが、背が高いのです。身長が175センチある女性でも、彼氏は190センチ近くある、というような組み合わせになっています。うまい組み合わせにちゃんとなっているのです。いったいどうしてなのでしょうか。

「もともと男性のほうが、女性に比べれば身体が大きいのだから、そんなのは当たり前だ」と思われるかもしれませんが、心理学的には違う理由があるのです。

それは、**お互いに相手に求める「理想の身長」のバランスがうまくとれているから**です。

つまり、男性は、基本的に自分よりも背が小さな女の子を好み、女性はその逆で、自分よりも背の高い男性を好む傾向があるのです。

◎ **女性の95%は自分より背の高い男性を好む？**

米国マサチューセッツ州にあるホーリー・クロス・カレッジのジェームズ・シェパードは、未婚の男女について、理想とするデート相手の身長について尋ねてみました。

すると、女性の**95%**が、自分より背の高い男性を好んだのです。3％が自分と同じ身長、2％だけが自分より背の低い男性が好ましい、と答えました。「自分より小さな男性のほうがいい」という女性は、きわめてレアなケースだといえます。

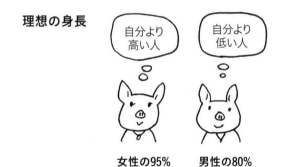

男性はどうかというと、**80%**が自分より背の小さな女性を好みました。14％が同じ身長が好ましいと答え、6％が自分より大きな女性のほうが好ましいと答えました。男性にとっては、小さ

な女の子のほうが全体としては好みに合っているようです。

結局、男性は小さな女性が望ましく、女性は大きな男性が望ましいと考えているので、男女でお互いの好みのバランスがとれているわけです。こういう理由で、街中で目にするカップルの多くが、そういう組み合わせになっているのです。

### ◎ うまくバランスがとれている「理想の身長」

男性は、自分より小さな女の子のほうが好ましいわけですから、小さな女の子とお付き合いできれば、幸せです。

女性は女性で、自分より大きな男性のほうがよいと考えているわけで、女性にとっても自分より大きな男性とお付き合いできるほうが、嬉しいに決まっています。

つまり、身長に関しては男女ともに自分の理想どおりの相手を見つけることができ、お互いにハッピーになれる可能性が非常に高いといえるのです。

世の中には、「自分より大きな女性のほうがいい」という男性もいますし、「自分より小さな男性のほうがいい」という女性もいるのですが、それはきわめて少数派。そういう理想を持っている人は、なかなか相手選びで苦労するかもしれません。

もちろん、男女の付き合いにおいては、身長よりもお互いの愛情のほうがずっと大事なことですから、愛情さえあれば、相手がどんな身長でもそんなに気にならないとは思いますが。

## 男は自分より背が低い女を好きになる。

#男と女の心理学

第3章 『好みと性格』の心理学

# 24 なぜ多くのカップルは女性が年下なの？

> 男性と女性でうまくバランスがとれていることはほかにもあります。それは、男性が自分よりも年下の女性を好み、反対に女性は、年上の男性を好む傾向がある、ということです。

## ◎ 年齢もバランスがとれている

「カップル」といえば、中学校でも、高校でも、大学でも、男性のほうが「先輩」で、女性のほうは「後輩」、という組み合わせが、その反対よりはるかに多く見られます。

というより、女性の先輩と後輩の男性が付き合う、というケースはきわめて稀なのではないでしょうか。

これは職場でもそうで、男性の先輩と女性の後輩という組み合わせは、どこにいってもごく普通に見られます。

ドイツにあるマックス・プランク研究所のカール・グラマーは、コンピュータ・デート・サービスに登録している男女約2600名を対象にした研究を行い、「男性の年下好き」を確認しています。

グラマーによると、未婚の男性は平均「6歳下」の女性を好み、離婚している男性は「10歳も年下」の女性を好むようです。

フランスにあるランス大学のニコラス・ヴェイラントも結婚相談所に登録している男女のデータで同じような研究をしているのですが、男性は平均「5歳下」の女性を望んでいました。

興味深いことに、女性は女性で、やはり5歳くらい年上の男性を好んでいたのです。つまりは、**男女がお互いに望んでいる年齢のバランスは、非常にうまくとれている**といえるでしょう。

◎ **学歴もバランスがとれている**

もちろん、「年上の女性がタイプ」という男性もいるでしょう。しかし統計的にいえば、多くの男性にとっては、**自分よりも5歳くらい年下の女性にアプローチしたほうがうまくいく可能性は高くなる**、といえるでしょう。なぜなら、女性は年上男性に惹かれやすいからです。

「弟みたいな年下の男の子がタイプ」という女性もいるでしょうが、やはり統計的にいえば、自分より年上の男性を探したほうが、いくらでも相手を見つけることができるでしょう。

またヴェイラントの研究では、男女がお互いに求める**「相手の学歴」についてもバランスがとれている**ことが確認されています。

男性は、54.4％が「自分よりも学歴が下」の女性が好ましい

第3章 『好みと性格』の心理学

と答えるのに対して、女性は、「自分より上」の学歴を求める人が74.4％だったのです。この点でも、うまくバランスがとれています。

◎ **もちろん例外は山ほどあるが**
　もちろん、ここでお話していることは、あくまでも統計的にはそうなっているというお話であって、現実にはいくらでもその反対のケースが見られるということは念を押しておきましょう。
　どんな相手でも、好きになってしまったら、その気持ちは抑えがたいでしょうし、どんどんアプローチしてかまいません。男性にとって、「年上女性は諦めなさい」と言っているわけではありませんし、女性にとって、「自分より学歴が下の男は諦めなさい」と言っているわけでも決してないのです。

[ 　　　女は自分より年上の男を好きになる。　　　
　　　　　　　　　　　　　　　　　　　　　　　　＃男と女の心理学 ]

# 25 女性の魅力は冬になると UP する?

私たちの異性に対する好みは、季節によっても変わる、といったら信じられるでしょうか。とりわけ冬になると女性の魅力が UP するといわれます。いったいなぜなのでしょうか。

## ◎ 季節によって変わる男性の好み

私たちの好みというものは、季節の影響を受けます。夏場にはさっぱりしたものが食べたくなりますし、冬には温かい鍋物が食べたくなるように、です。

では、異性に対する好みのほうは、どうなのでしょう。

夏場における好みと、冬場での好みには、違いが出てくるのでしょうか。さすがに異性に対する好みでは、そういう季節的な変化などは見られないのでしょうか。

いやいや、人の好みは季節によっても影響を受けてしまうようなのです。

ポーランドにあるヴロツワフ大学のボグショー・パウロウスキは、114 名の男性に、季節ごとに女性の魅力について尋ねてみました。

だいたい男性が女性に魅力を感じる部位は、「顔」「胸」「腰」に集約されることが多いので、この 3 つの好みを尋ねてみたのです。

第3章 『好みと性格』の心理学

　すると、「胸」と「腰」に対する魅力は、夏に下がって、冬に上がりました。
　全体的な魅力もそうで、夏には下がって、冬には上がりました。
　一般的に、**男性は夏になるとムラムラするような印象がありますけれども、そうではない**ようです。夏の暑い盛りには、女性のおっぱいや腰などにも興味を感じなくなります。むしろ、冬になると、人恋しくなるのか、女性に魅力を感じやすくなるのです。胸や腰への興味も高まります。

　クリスマスの頃になると、なぜか女性がキレイに見えてしかたなくなってしまうのは、男性が季節的な影響を受けているからかもしれません。冬になると、恋人がほしくなったり、結婚したくなったりする男性も多くなるのではないか、と考えられます。

　面白いのは、「顔」についてです。「顔」についての魅力は、年間を通して、ほとんど変化はありませんでした。女性の顔については、一年中興味があるということです。

## ◎ 彼氏を見つけやすいのは冬？

人間の心理は、季節による影響を受けています。

**季節性情動障害**というのもあって、ある季節になると気分がだるくなったり、やる気が出なくなったりするのも、そのためです。別に病気ではなくとも、冬になるとちょっとうつっぽくなってしまったりすることもあるかもしれません。

**男性が女性に魅力を感じやすくなるのは、季節でいうと、冬。**ですので、女性の読者は、この時期に頑張って素敵な彼氏を見つけるのがいいかもしれません。男性のハードルはずいぶんと下がっているはずですから、かなりレベルの高い男性をゲットすることができるかもしれませんね。

> 男は夏よりも冬の女に魅力を感じる。

# 男と女の心理学

第3章 『好みと性格』の心理学

## 26 父親の年齢が高いと女性は老け顔好きになる？

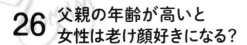

> 女性が持つ男性の顔の好みは、自分の父親の顔に大きな影響を受けます。童顔が好きか、老け顔が好きかも、父親に似ているかどうかに左右されます。

### ◎ 一番親しみのある父親の顔

女性にとって、一番親しみやすい異性の顔はというと、赤ちゃんのときから見ている父親の顔です。

女性は、自分の父親に似ている人を恋人相手にも選びやすいのですが、その理由は、**父親に似た顔だと安心できる**からです。「こういう顔の人は大丈夫」と思ってしまうのでしょう。

同様に、女性が産まれたときお父さんの年齢が高かったりすると、その女性は、「老けた顔」を見慣れることになります。ですので、こういう女性は、やはり「老け顔」の男性に魅力を感じやすくなるのではないでしょうか。

英国セント・アンドリュース大学のデビッド・ペレットは、父親の年齢が若いときに生まれた子どもは、「若い顔」の男性を好むはずで、父親の年齢が高いときに生まれた子どもは、「老け顔」を好むだろう、という仮説を立ててみました。

この仮説を検証するため、48名の女性（平均21歳）に、いろいろな年齢の顔写真を見せて、デートの相手としての魅力に得

点をつけてもらったのです。

その一方で、自分が産まれたときの父親の年齢についても尋ねてみました。

その結果、父親が30歳前に産まれた女性は、若い顔に対して魅力を高くつけました。ところが、父親が30歳過ぎに産まれた女性は、若い顔にあまり魅力を感じることもなく、むしろ、年齢を重ねた老けた顔に魅力を感じることがわかりました。

父親の年齢が高いときに産まれた女性にとっては、老け顔の男性こそ、まさに自分が赤ちゃんの頃から見慣れていて、親しみを感じられる顔だったのです。

## ◎ 好みの刷り込み現象

小さな鳥のヒナは、最初に目にするものを自分の親だと勘違いしてしまうことが知られています。たとえそれがオモチャの自動車であっても、人間であっても、自分の親だと思ってあとを追いかけたりするのです。

これは、「刷り込み」と呼ばれる現象ですが、この現象は、人間にもある程度は見られるのかもしれません。私たちは、小さな頃によく見ていた顔を好きになってしまうのも、いってみれば、**「好みの刷り込み現象」**だといえるでしょう。

たとえば目の覚めるような美しい女性が、老けた顔の男性と手をつないで歩いていたりすると、「いったい、どうして、こんなに老け顔の男性とお付き合いしているのだろう？」と首をひねってしまうことがあるかもしれません。しかし、おそらくその女性にとっては、その男性の顔が、見慣れた父親の顔によく似ているので、安心できるからなのです。

女性にとっては、男性の顔だちの美醜よりも、自分がどれだけ見慣れていて、安心できるかのほうがずっと大切なのかもしれませんね。

> ## 女は父親のような顔に安心感をおぼえる。

# 男と女の心理学

# 27 お腹がすいてくると
ぽっちゃりな女性が好きになる?

> 人類の長い歴史のなかで、今ほど豊かな時代はありません。食事に困らなくなったのも、つい最近のことといえます。そのことと男性の好みとには、大きな関係があると考えられています。

### ◎ 空腹度合いに影響を受ける

　私たちの心理は、自分が置かれた状況の影響を受けたり、気温の影響を受けたり、季節の影響を受けたりと、さまざまなことに影響を受けています。その時々で、違った心理になるのは、そのためです。

　ロンドン大学のヴィレン・スワミは、そんな心理変化について、非常に面白い現象を発見しました。
　スワミによると、なんと**男性はお腹がすいてきたときには、ぽっちゃりの女性が好きになる**、というのです。
　スワミは、まず50人の女性にレオタード姿の写真を撮らせてもらいました。なぜレオタード姿なのかというと、身体のラインがくっきりと出て、体重や体型がわかりやすいためです。ただし、顔にはぼかしを入れました。なぜかというと、顔だちの魅力の影響が出てしまうかもしれないからです。
　次に、その写真を持って夕食時のキャンパスの食堂に出かけ、男子学生に声をかけて、それぞれの女性に魅力の得点をつけても

らったのです。

　男子学生の中には、すでに食事が済んでテーブルで休んでいる学生がいました。スワミは、このグループを、「お腹いっぱいグループ」と名づけました。この男子学生に女性の魅力の点数をつけさせると、やせている女性に高い得点をつけました。「やっぱり、女の子はスレンダーなほうがいい」ということでしょう。

　また、食堂には、これから食事をしようと思っている学生もいました。スワミは、この男性グループを「お腹が減っているグループ」としました。
　こちらのグループにも食事を少しだけ我慢してもらって、やはり女性の魅力の得点をつけてもらったのですが、なぜかこちらのグループでは、「少しぽっちゃりの子がカワイイ」という回答が多く見られたのです。

### ◎ スレンダーな女性がモテ始めたのは最近のこと

　人類の歴史において、食事に困らなくなったのは比較的最近のことです。歴史的には、お腹がすいてひもじい思いをする時代のほうが長くありました。そのため、**男性にとっては、ふくよかで肉づきのいい女性のほうが、健康的で、多産のように見えた**ようです。
　ルノアールの描く女性たちも、現代の基準からすれば、はるかにふくよかで豊満な身体つきをしていますが、当時は、ぽっちゃりであるほうが女性はモテたのです。日本で見つかる土偶なども、

女性はぽっちゃりしていますよね。スレンダーな女性がモテ始めたのは、歴史的には、ごくごく最近の現象にすぎないのです。

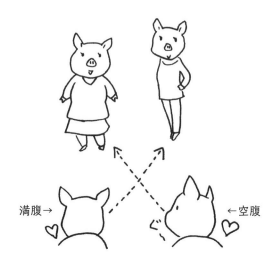

お腹がすいている男性は、かつての貧しい時代だった頃の男性と同じように、やはりふくよかな女性に心惹かれるようです。

普段はスレンダーな女性がいいと公言している男性も、お腹がすいてくると、自分の子孫を残すためにはやっぱり健康的な女性のほうがいい、と感じて、ふくよかな女性を好むようになるのです。

[ **男は本能的にぽっちゃりな女を好む。**

# 男と女の心理学 ]

第3章 『好みと性格』の心理学

# 28 なぜ男性は"筋トレ"、女性は"ダイエット"を好むの?

体重を落とそうとしてやることといえば、男性は筋トレやランニング、女性はダイエット(食事制限)であることが多いようようです。なぜこうした性差が見られるのでしょうか。

◎ **女性はあまり筋トレをしようとは思わない**

肥満になることは健康によくありませんし、見た目の印象もあまりよくありません。

そのため、男女ともに、なるべく肥満にならないような努力をするわけですけれども、そこにも男女の性差が見られます。

なぜか男性は、「よし、身体を絞るために筋トレするぞ!」ということになりやすいですし、女性のほうは、「よし、頑張ってダイエットしよう!」という方向に努力しようとするのです。

男性がダイエット、女性が筋トレでもよさそうな気がしますが、現実には、そういうことにはあまりなりません。いったい、これにはどんな理由があるのでしょうか。

◎ **男女で違う「適応的な行動」**

ニューメキシコ州立大学のピーター・ジョナサンによると、この男女の差は、進化心理学的には、まさしく「**適応的な行動**」らしいのです。

なぜ男性が筋トレに励むのかというと、**身体に筋肉をつければ、**

101

**自分を大きく見せることができるから。**

　男性にとっては、身体を鍛えて大きく見せるほうが、女性をめぐる他の男性との競争にも勝ちやすくなります。だから、男性にとっては、筋トレをすることが「適応的」で「理にかなった」行動だといえるわけです。

　もし男性がダイエットをすると、身体はかえって小さく見えてしまいます。これでは肥満にはならないかもしれませんが、女性にもまったくモテなくなってしまいます。

　女性にとっては、筋トレはむいていません。
　なぜかというと、女性は、**できるだけ身体を小さく見せたほうが、男性にモテるから。**筋トレをして身体が大きく見えるようになると、男性にモテなくなってしまいます。いい男は、他の女の子たちにすべてとられてしまいます。

　女性にとっては、これはマイナスなことですから、筋トレをするより、ダイエットのほうがむいているのです。ダイエットなら、少なくとも身体が大きく見えるようなことはありません。むしろ、小さく縮んだように見えて都合がいいのです。

◎ **性の競争に勝つために**

　ジョナサンによると、男性も女性も、**「どうすれば性の競争に勝てるのか？」**ということを無意識のうちに計算していて、その計算に基づいて行動を決めているらしいのです。こういう理由で、男性は筋トレを、女性はダイエットを選択するというのですね。

第3章 『好みと性格』の心理学

　言われてみればたしかに、私も男性ですのでダイエットをするよりは、むしろ筋肉を鍛えることによって身体を絞ろうとします。無意識にそうしていましたが、それには立派な理由があったのです。

> 男はより大きく、女はより小さく見せたい。
> 
> ＃男と女の心理学

## 29 異性の好みでわかる!? 性格診断 ＜男性編＞

> 「異性のどんなところが好みか？」を知ることで、心理学的にその人の性格を推測することがある程度可能です。まずは男性を診断してみましょう。

### ◎ 好みで性格が見抜ける？

「僕は、とにかくおっぱいだな。おっぱいさえ大きければ、あとはどうでもいい」

「俺はむしろ、お尻だな。大きなお尻だけははずせないよ」

「僕は、身長だな。小柄な女の子じゃないと、女の子として見られないから」

男性同士では、あれこれと女性の品定めを行うのが話題の定番です。あの源氏物語に出てくる光源氏でさえ、雨夜の品定めをしているくらいですし。

さて、女性に対する好みには、いろいろなタイプがあると思うのですが、どんな女性を好むかによって、その男性の性格タイプまでわかります。つまり、女性の好みを教えてもらえれば、その男性がどんな人物なのかのプロファイリングまでできるのです。

イリノイ大学のジェリー・ウィギンスは、男性にさまざまな心理テストを受けてもらう一方で、女性の好みについて尋ねてみました。すると、女性のどこの部位を好むのかによって、性格判断

もできることがわかったのです。そのうちのいくつかをご紹介していきましょう。

## ◎ 好み別タイプ（男性編）

| 女性のどんなところが好き？ | 男性の性格 |
|---|---|
| 大きな胸が好き | デートを頻繁にする |
| | スポーツが大好き |
| | 独立心がある |
| | 喫煙習慣がある |
| 小さい胸が好き | やや抑うつ的 |
| | 他者への依存度が高い |
| | 優柔不断 |
| 大きなお尻が好き | 憎悪感を覚えやすい |
| | 自己批判をし自己懲罰的 |
| | 自分に厳しい |
| 小さなお尻が好き | 我慢強い |
| 長い脚が好き | 社交的 |
| むっちりした脚が好き | のんびり屋 |
| | 生活テンポがすべてゆっくり |
| 背が高い女性が好き | 達成欲求が高く向上心がある |
| 小柄な女性が好き | 頑張り屋で何事も投げ出さない |

女性への好みと、男性のタイプ分けをご紹介してきましたが、女性の好みを聞けば、その男性がどんなタイプなのかが、ある程度までは判断できるといえるでしょう。

　お酒の席で、「僕はおっぱい星人なんだよ」と語る男性がいるとしたら、おそらくは女性とのお付き合いも盛んで、身体を動かすのが大好きなタイプで、タバコもバンバン吸うタイプなんだろうな、とみなして間違いはありません。

　ちなみに、心理学という学問は、血液型占いのようなものだとよく誤解されます。たしかに本項で紹介したように、占いのような人の分類ができないわけではありません。ただ、あまりこういう研究は多くありませんし、それをメインに研究しているわけでもないのです。

第3章 『好みと性格』の心理学

## 30 異性の好みでわかる!? 性格診断 ＜女性編＞

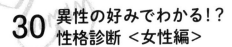

> 続いては女性編です。心理学の研究によって、女性においても、男性のどんなところが好みかによって、性格をプロファイリングすることができました。

### ◎ 女性も好み次第で性格が見抜ける？

　男性の好みを聞けば、その人の性格タイプもわかるというお話をしました。次に、同じことを女性に対しても行ってみましょう。

　米国インディアナ州にあるバトラー大学のサリー・ベックは、ウィギンスが行った研究とまったく同じことを女性について行ってみました。いろいろな心理テストを受けてもらう一方で、男性の好みについても尋ねてみたのです。

　女性が男性を評価するときは、マッチョかどうか、つまり「たくましい胸」を持っているかどうかがひとつの目安になります。

### ◎ 好み別タイプ（女性編）

| 男性のどんなところが好き？ | 女性の性格 |
| --- | --- |
| たくましい胸板が好き | 社交的 |
| | 達成欲求が強い |
| | 友人がたくさんいる |
| | パーティが好き |
| | キャリア志向 |

107

| 男性のどんなところが好き？ | 女性の性格 |
|---|---|
| 普通の胸板が好き | 受け身 |
| | 優柔不断 |
| | 人に決めてもらったほうが落ちつく |
| たくましいお尻が好き | 大雑把 |
| | 整理整頓が苦手 |
| | 緻密な計算が苦手 |
| 小ぶりなお尻が好き | 競争的 |
| | リーダー欲求が強い |
| | 男っぽい |
| | 負けず嫌い、一番がいい |
| 背の高い男性が好き | 活動的でスポーツ好き |
| | 伝統的ではない |
| | スポーツ好きな男性と相性がいい |
| 中肉中背の男性が好き | 伝統的で家庭的 |
| | もっとも多くの女性にあてはまる |
| 小柄な男性が好き | 引っ込み思案 |
| | 人前で話すのが苦手 |

　以上、だいたい大まかに男性の好みと、女性のタイプ分けを行ってきました。

第 3 章 『好みと性格』の心理学

　もちろん、これらのタイプにすべての女性がはっきりと分けられるわけではありません。あくまでも統計上は、そういうタイプが多いといえるだけですから、あまり決めつけすぎるのも危険なのです。ただ、話のネタとして覚えておくとよいかもしれませんね。

# 第4章
# 『出会いと恋愛』
# の心理学

## 31 男女の"恋愛スピード"には1か月くらいのズレがある?

> 男性と女性とでは、「恋愛スピード」に差があることがわかっています。男性のほうが「早い」ので、女性の準備が整わないうちに気持ちが抑えられなくなる傾向があります。

### ◎ 告白までの日数は男性のほうが1か月早い

男性は、女性に比べると、好きになった人にはすぐに告白したがります。もともと恋に落ちるのも早いので、告白するのも早い傾向があるのです。

マサチューセッツ工科大学のジョシュア・エイカーマンは、男女が告白するまでの日数について調べてみたことがあります。

その結果、男性は97.3日で、女性が138.9日であることがわかりました。

男性はおよそ知り合いになってから**3か月ほどで告白したいという気持ちが抑えきれなくなる**ようです。女性はというと、それより**ひと月ほど遅れて告白したいという気持ちになります。**

自分が考えている恋愛スピードより、さらに1か月くらい遅いのが女性の恋愛スピードだと思っていれば、男性もうまく女性とお付き合いできるようになるかもしれません。

たとえばデートをするときにも、すぐに抱きしめたり、キスをしようとしたりはしなくなるのではないでしょうか。

## ◎ 恋に落ちるまでの日数も早い

もうひとつ関連するデータをご紹介しましょう。

ペンシルバニア州立大学のマリッサ・ハリソンは、171名の大学生に対して、「最近の恋愛」について思い出してもらい、どれくらいで恋に落ちたのかを尋ねてみました。

「すぐに落ちた」を1とし、「1年以上かかった」を7として得点を出してみると、男性が4.47、女性が5.01という結果になりました。こちらもだいたい数週間から、数か月くらい女性のほうが遅いといえます。

**女性は、男性に比べると、そんなにすぐには恋に落ちませんし、告白したいとも思いません。**また、デートにおいても、すぐに手をつないだり、セックスをしたいとも思わないようです。

### 男性の恋愛スピードのほうが1か月ほど早い

## ◎「ラグ」があることに注意しよう

男性と女性の恋愛スピードには「ラグ」（遅延）があることを

覚えておきましょう。女性の恋愛スピードは男性に比べると、ずいぶんゆっくりしているのですが、それが大半の女性にとってのノーマルなスピードなのです。男性のみなさんはそのことを理解して、いちいちイライラしないことが重要です。せっかちに迫っても、いいことは何もありません。

「彼女に告白したいな」と思っても、さらに1か月くらい我慢して、友達としてのお付き合いをすることで、受け入れてもらえる可能性はきっと高くなるでしょう。

## 異性へのアプローチは気持ちのラグを考慮して。

#男と女の心理学

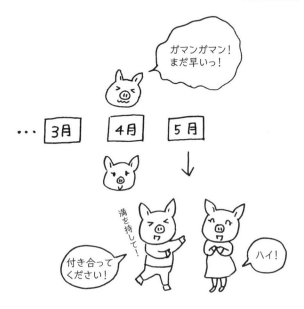

第4章 『出会いと恋愛』の心理学

# 32 "告白"の正否はシチュエーションで決まる?

> 女性は男性以上にロマンチックでメルヘンチックなところがあるといわれます。たとえば、きれいな夜景が見える場所で告白すれば成功する可能性はグッと高まるでしょう。

## ◎ シチュエーションが大事

　女性にアプローチするときには、どんな場所、どんな状況でアプローチするのかが重要になります。

　告白する際には、ロマンチックな海岸、夜景の見えるバー、花のあふれた公園のベンチなどで行うとうまくいく可能性は高まり、どうでもいいような場所ではなかなかうまくいかないでしょう。

　女性は、男性以上にロマンチックで、メルヘンチックなところがあります。ですから、成功するための「舞台を整えておく」ことがとても大切なのです。<u>かりに「いいな」と思っている男性からの告白でも、きちんと舞台を整えておかなかったら、女性は断ってしまうもの</u>だからです。

　どんな場所でアプローチするのかは、男性が思っている以上に女性にとっては重要な意味があるのです。

## ◎ ロマンチックな気分になるか?

　南ブルターニュ大学のニコラス・ゲーガンは、5名の男性アシ

スタントにお願いして、600名の女性に声をかけまくらせるという実験をしたことがあります。女性はだいたい18歳から25歳くらいに見える人を選ぶように、という制限をつけておきました。男性アシスタントの年齢がそれくらいだったからです。

また、男性アシスタントは、声をかける場所もあらかじめ決められていました。あるときは、ロマンスな気分を高めると思われる「フラワーショップの前」。別のときには、「ケーキ屋さんの前」、さらに別のときには、「靴屋の前」です。声をかけるときには、「すみません、電話番号を教えてもらえませんか？」というセリフで統一しておきました。かなり直接的な依頼です。

さて、気になる実験結果は、どのようになったのでしょうか。

| 電話番号を教えてくれた人の比率は？ | | |
| --- | --- | --- |
| フラワーショップの前 | 24.0% | （48／200人） |
| ケーキ屋の前 | 15.5% | （31／200人） |
| 靴屋の前 | 11.5% | （23／200人） |

※カッコ内は実数

フラワーショップの前で声をかけたときだけ、その成功確率が高まったことが明らかですね。

女性にとって、「花」というものは、ロマンスの象徴。たとえ花を自分に差し出されたわけではなくとも、**視界に入っているだ**

第4章 『出会いと恋愛』の心理学

**けでもロマンチックな気分は高まります**。そのため、見知らぬ男性に電話番号を聞かれても、ついつい「いいですよ」と答えてしまう傾向があるようです。

ですから、これから女性にアプローチしようと考えている人は、ぜひロマンチックな場所を選ぶようにしてください。そういう細かいところで気配りできることが、モテ男になるための秘訣ですよ。

> 最高にロマンチックな"舞台"を用意しよう。

＃男と女の心理学

## 33 恋をすると「人が変わる」のはなぜ？

> 「今の自分を変えたい」と思い、書店で自己啓発書を手にとったり、セミナーに出てみたりしたことはないでしょうか。でも、それよりはるかに効果が高いのは「恋人を作ること」です。

### ◎「ミケランジェロ効果」の力

恋人ができると、男性も、女性も、どんどん変わります。見た目も、性格も、ガラリと変わることが少なくありません。これを心理学では、**「ミケランジェロ効果」**と呼びます。

なぜ、恋人ができると人が変わるのでしょうか。

その理由は、**パートナーがこうあってほしいな、という理想に合わせて自分を変えていこう**という気持ちになるからです。

ミケランジェロといえば、ダビデ像などで有名な彫刻家ですが、私たちは、パートナーが望むように、自分自身を彫刻のように作り上げようとするのです。「大好きな恋人のためなら、私はどんな人間にも変われる」と健気なところを見せようとするのですね。

### ◎ パートナーが望むほうへ変わっていく

サザン・メソジスト大学のステファン・ドリゴタスは、53組のカップルにお願いして、時間の経過による身体的、心理的変化を調べてみたのですが、まさしくミケランジェロ効果が確認されました。

ドリゴタスは、4週から5週おきに3回の変化を記録したのですが、パートナーが望む方向へ、望む方向へと自分を変えていくことがわかったのです。

　自分を変えたいと思うのなら、自己啓発の本を読んだり、自己啓発セミナーに通ったりするのも悪くはないと思いますが、もっといいのは、「恋人を作る」こと、ということになります。

　恋人を作れば、だれでも自分を変えることができますからね。

### ◎ 悪いほうへ合わせてしまうことも

　小さな頃からずっとマジメに育ってきたのに、不良の男性とお付き合いすることになって、いきなり豹変してしまう女の子がいます。不良の男性に、自分を合わせようとするのでしょう。これは悪い方向に「ミケランジェロ効果」が起きてしまった例だと考えられます。

　男性もそうで、恋人ができる前には、引っ込み思案で、内気だったのに、いきなり自信に満ちあふれて、堂々とした男性になってしまうこともあります。

　恋人ができると、人間は特に変わろうという意識がなくとも、自然に変わってしまうものなのかもしれません。

### ◎ 変化のスピードは圧倒的

　「地位が人を作る」という言葉があって、地位や役職が上がると、とたんに性格が変わるということもよくありますが、恋人を作ることによっても、人は大きく変わるものです。人間というの

は、こんなにすぐに変われるものなのか、というくらい急激な変化が見られます。

ドリゴタスの研究では、4週間から5週間ごと、つまり約1か月ごとの変化が調べられたのですが、こんなに短い期間でも、人はどんどん変わってしまうのです。自己啓発セミナーに参加しても、こんなにすぐには変われないでしょう。

何十年かぶりの同窓会で、クラスメートのあまりの変化に驚かされることがありますが、それもやはりミケランジェロ効果によるものだと考えられます。その人が、どんな相手と付き合ってきたのかの歴史の一端が見えてきたりして、けっこう興味深いものがあります。

> ミケランジェロ効果で人はいとも簡単に変わる。
> # 男と女の心理学

# 34 嫉妬があるから恋愛関係は深くなる？

「嫉妬」には何かとネガティブな印象がつきまといますが、ポジティブな面も多く見られます。嫉妬深い自分がイヤになる、という人も、何も恥じることはありません。

## ◎ 嫉妬にはいい面もある

　恋愛における嫉妬という感情は、基本的にネガティブなものだと考えられています。嫉妬を感じると、心がモヤモヤしますし、怒りが募ってくることもあります。

　けれども、嫉妬がすべてまったくダメな感情なのかというと、そんなこともありません。きちんとした存在理由があるというか、嫉妬は嫉妬でそれなりにポジティブな効果をもたらしてくれることもあるのです。嫉妬は、まったく無意味で、不必要な感情というわけでもないのです。

　カリフォルニア州立大学のアヤラ・パインズは、21歳から64歳までの男女に、嫉妬がもたらすさまざまな結果について尋ねてみました。人は嫉妬を感じると、結果として、どのような心理効果があるのでしょうか。

　調べてみると、けっこうポジティブな成果が見られることがわかりました。たとえば、次のようなことです。

### 嫉妬のポジティブな効果

・嫉妬は、お互いの存在を「当たり前のもの」と考えてはいけないことを教えてくれる
・嫉妬は、関係を長期化するのに役立つ
・嫉妬は、パートナーを愛していることのサインになる
・嫉妬は、倦怠期の関係に興奮をもたらしてくれる
・嫉妬は、パートナーをよりいっそう魅力的に見せてくれる
・嫉妬は、愛情を高めてくれる
・嫉妬は、お互いの関係をもう一度見つめなおすためのきっかけを与えてくれる
・嫉妬すると、イキイキしてくる

どうでしょう。けっこう嫉妬にもポジティブなメリットがあると思いませんか。

◎ **嫉妬があるから相手を思う気持ちも高まる**

読者の中にも「私は嫉妬深くて、本当に自分がイヤになる」と感じている人がいるかもしれませんし、本気で悩んでいる人もいるかもしれません。

けれども、嫉妬を感じること自体は、人間にとっては正常なことというか、別におかしなことではありませんし、むしろ相手との関係にとってもプラスに働くことのほうが多いのです。決して恥じることは何もないと思います。

嫉妬があるからこそ、相手をもっと大切にしようという気持ちも生まれますし、相手とより親密になりたいと願う気持ちも生まれてきます。

つまり**嫉妬は、お互いの関係をよりいっそう深化させるためには必要不可欠な感情**とさえいえるかもしれないのです。

もしみなさんが嫉妬深いことに悩んでいるのだとしたら、胸を張って、堂々と「私は嫉妬深い」ということを認めてしまいましょう。そのほうが、いっそ心もスッキリすると思いますよ。

> 嫉妬は愛情の強さをはかるバロメーター。
> 
> #男と女の心理学

# 35 恋愛はうつ病の予防にもなる？

> うつ病はすっかり身近な問題で、今では多くの人がこの病気に苦しんでいます。このうつ病予防に効くのが恋愛です。かりに「空想の恋愛」であっても効き目があることがわかっています。

### ◎ 幸福感や興奮を与える恋愛感情

　生涯に一度はうつ病になるという人は、15人に1人いるといわれています。2008年10月に厚生労働省が調べたところ、医療機関にかかっているうつ病患者は100万人以上ともいわれています。医療機関にかかっていない人もいるでしょうから、実際のうつ病患者はもっと多くなると思われます。うつ病は、どんな人にとっても他人事ではなく、きわめて身近な問題なのです。

　けれども、そんなうつ病を予防するのに、とてもいい方法があるのをご存知でしょうか。しかもとても簡単なやり方で、お金もまったくかかりません。

　「えっ!?そんな方法があるんですか！」と思われるかもしれませんね。

　それはどんな方法かというと、**「恋をする」こと**、これだけです。

　うつ病というのは、いうまでもなく気分が落ち込んでしまう病気ですが、恋をすることは逆に、私たちに**幸福感や興奮**を与えてくれます。**生きる活力**も与えてくれます。そのため、恋をしていれば、うつ病になりにくくなるのです。

## 第4章 『出会いと恋愛』の心理学

### ◎ 恋愛は多幸感の源泉

イギリスにあるシェフィールド・ハラム大学のジョン・マルビーは、18歳から53歳までの男女300名について、恋愛をしているかどうかを尋ねてみました。その一方で、どれくらいうつ的な傾向があるのかも調べてみました。

すると、恋愛をしている人ほど、うつになりにくい、という傾向が見られたのです。しかも、この傾向は、男性に強く見られました。

恋愛体質というか、惚れっぽい人のほうが、人生を楽しく生きることができます。そういう人のほうが、いつでも恋愛をしているので、多幸感を味わうことができるでしょう。

恋愛をしていない人や、「恋愛なんて面倒くさいだけ」と最初から拒否するような人は、恋愛をすることによって得られる快適

な心を手に入れることはできません。そういう人のほうが、うつになりやすくなる傾向があるのです。

### ◎ 既婚者はどうする？

「私はもう結婚しているので、恋愛はちょっと……」という人もいらっしゃるでしょう。でも、そういう人にもぜひ恋をしてもらいたいと思います。ただし、現実に他の女性や男性に言い寄ってしまうと、いろいろな問題が発生してしまいますので、あくまでも空想の中だけで恋愛を楽しむのです。

たとえば職場の受付の女性であるとか、他部署の後輩であるとか、行きつけの居酒屋やカフェの店員さんですとか、毎朝、駅で見かける名前も知らないOLさんですとか、どんな人でもいいので自分なりに「好きな人」を作って、空想の世界でその人と恋愛してみるのです。

あまり近しい人に空想を遊ばせるのに抵抗がある人は、好きなアイドルや俳優などを対象にしてもいいでしょう。

いずれにせよ、そうした**空想でも、私たちの脳みそは多幸感を生み出してくれる**わけです。

「空想の恋愛」とはいえ、私たちの脳みそは、現実の恋愛をしているときと同じ快楽物質を分泌してくれ、同じような心理効果が得られます。うつ病を予防するためにも、ぜひお試しいただければと思います。

> 恋愛は多幸感の源泉だ。

\# 男と女の心理学

第4章 『出会いと恋愛』の心理学

# 36 ナンパの成功確率は実際のところけっこう高い?

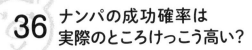

> 「出会いがない」と嘆く人にとっては、ナンパなんて無縁と思っている人がほとんどでしょう。ところが、そんな人にこそオススメしたいのがナンパなのです。

### ◎「迷わず声をかける」のが正解?

駅で電車待ちをしているとき、あるいは街中のカフェでくつろいでいるとき、たまたま素敵な女性を見かけたとしましょう。まさにあなたが理想とするような女性です。

このような状況に置かれたとき、あなたはどうするでしょうか。ほとんどの場合は何もせずにやり過ごして終わるだけでしょうが、**男性としては「迷わず声をかける」のが正しい姿勢**です。

「ナンパなんかしたって、うまくいくはずがないだろう」と、たいていの男性は思うのではないでしょうか。ナンパの成功率は、宝くじの1等を引き当てるくらいの、ほとんどありえないような低確率だと思っている人もいるかもしれません。

だとしたら、それは間違えています。ナンパの成功確率は、意外に高いのですよ。

素敵な女性に出会ったら、とにかく声をかけないと、二度と会えなくなってしまいます。素敵な女性に出会うという偶然は、そんなに頻繁に起きるわけではありません。ですから、ここはとにかく勇気を出して勝負してみましょう。

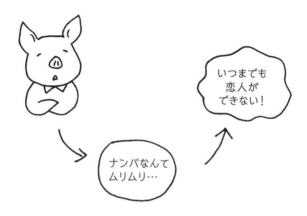

### ◎「勇気」は高確率でむくわれる？

 ミシガン大学のデビッド・シュミットは、53か国、のべ16,954名の男女を分析してみました。日本も調査対象に入っています。

 シュミットが調べたのは、相手に言い寄ること。これを専門的には「ポーチング」といいます。わかりやすくいうと、「ナンパ」です。

 さて、シュミットが「これまでに一度でもナンパがうまくいったことがあるか？」と質問してみると、なんと男性の83.2％が「イエス」と答えていたのです。日本を含む東アジア地域に限ると **70.5％** ですが、それでもかなりの高確率だといえるでしょう。

 経験がない人にとっては、「ナンパなんかしたところで、ホイホイついてくる女の子はいない」と思うかもしれませんが、そんなことはありません。ちょっとお茶を飲む、少しだけバーで隣に

座らせてもらっておしゃべりする、というくらいのことなら、女性もそんなに拒否しないのです。

また、「ナンパだと、長くつづくようなお付き合いにまで発展しないのでは？」と思う人がいるかもしれませんね。しかし、こちらについても心配いりません。

シュミットは、「ナンパをして、それが長くつづく関係としても成功しましたか？」という質問も重ねてしているのですが、こちらの質問に対しても80.9％が「イエス」と答えていたのです（東アジアでは**77.9％**）。この数字は、多くの人にとって予想以上に高い数字ではないでしょうか。

### ◎ 出会いのチャンスはいくらでもある

たまに、「うちの職場にはタイプの子がいない」とか、「大学が理系だったから、女の子の友達がいない」と嘆く男性がいます。女性との接点がないので、恋人もできない、というのです。しかし、それは単なる言い訳にすぎません。

街中には、いくらでも素敵な人がいるのですから、気に入った子にどんどん声をかけるようにすればいいのです。黙って待っているだけでは、女性と知り合いになれることなどありえません。出会いのチャンスというものは、待つものではなくて、自分で生み出すものなのです。

> 出会いの機会は、待つものではなく作るもの。
>
> \# 男と女の心理学

## 37 男性は妊娠しやすい "危険日"の女性に惹かれる?

> 男性がエッチをしたいと思うタイミングには何か規則性のようなものがあるのでしょうか。どうやら男性は、女性が発する匂いに惹かれることがあるようです。

### ◎ 男性の欲求は女性の月経周期に影響される?

 男性は、なぜ女性とエッチをしたいと思うのでしょうか。それは、自分の子孫を残したいという気持ちがあるから、ということに一応なっています(無論、単純に快感が得られるから、ということもあるでしょうが)。もし進化論的に、男性は自分の子孫を残したいと思うのなら、妊娠しやすい時期の女性にとりわけ惹かれやすい、という仮説が立てられます。なぜなら、そのほうが子孫を残す確率がグッと高まりますからね。

 妊娠しない時期の女性とエッチをしても、どうせ子孫を残せません。精子のムダ撃ちになります。ですので男性は、妊娠しない女性を避けて、妊娠しやすい時期にある女性を選ぶほうが合理的な選択、ということになります。

 しかし、本当にそんなことがあるのでしょうか。

 実は、どうもそのようなことが現実にあるようなのです。

### ◎ 妊娠しやすい時期によくモテる?

 ニューメキシコ大学のジェフリー・ミラーは、ラップ・ダンサ

ー(ストリッパー)の女性にお願いして、毎晩、男性客にもらったチップの記録をつけてもらいました。また、自身の月経周期も教えてもらいました。

まず、月経前の5日間(1日目から5日目)には、男性客にもらったチップは、5時間のシフトで、平均185ドルでした。

ところが、もっとも妊娠しやすい時期(9日目から15日目)になると、同じく5時間のシフトで平均355ドルのチップをもらっていたのです。2倍近く増えたわけです。

月経が終わったあとの妊娠しにくい10日間(18日目から28日目)では、平均260ドルでしたから、明らかに妊娠しやすい時期にだけ突出して男性客によくモテたといえます。

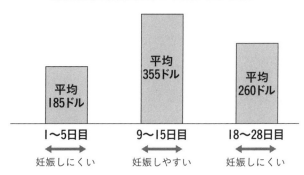

**月経周期と男性にもらったチップの量**

ところで男性は、女性が妊娠しやすい時期かどうかを、どのような手がかりで見分けていたのでしょうか。

## ◎ 匂い（フェロモン）の影響？

どうも女性は、**妊娠しやすい時期になると、普段とは「違った匂い」を発散しているらしい**ということがわかっています。

フロリダ州立大学のソール・ミラーは、月経周期が正常で、ホルモンの薬などを飲んでいない 11 名の女性にお願いして、もっとも妊娠しやすい時期の 3 日間（13 日目から 15 日目）、同じ T シャツをずっと身につけていてもらいました。この間には、無臭の石鹸とシャンプーを使ってもらい、香水も控えてもらいました。余計な匂いをつけないためです。また、妊娠しにくい時期の 3 日間（20 日目から 22 日目）にも、やはり同じ T シャツを着てもらいました。

次に、それぞれの T シャツをフリージング用のパックに入れて他の匂いと交ざらないようにしたものを 65 名の男性に嗅いでもらい、どれくらい性的に興奮するのかを調べてみました。

すると、男性は、妊娠しやすい時期の女性の匂いに敏感に反応することがわかったのです。具体的にどんな匂いがするのか、ちょっと論文を読んだだけでは私もわからなかったのですが、ともあれ妊娠しやすい時期の女性は、違う臭いを発散しているようで、それに男性は惹かれているらしいことがわかったのです。

男性は、女性としゃべっているときに、なぜか意味もなくムラムラしてしまうことが時折あるように思うのですが、それは女性が発しているフェロモンによって影響を受けているのかもしれない、ということになりますね。

[　**男は女のフェロモンに引き寄せられる。**　]

# 男と女の心理学

第4章 『出会いと恋愛』の心理学

# 38 "危険日"には女性も男性に近づきたがる？

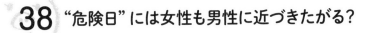

前項では、男性が女性に惹きつけられる話をしました。一方で本項では、女性自身が男性に近づいていく話を紹介します。どうも男女は危険日付近でお互いに引き合うようなのです。

## ◎ お互いに引き合う

妊娠可能性が高い女性は、自分でも気がつかないうちに男性を惹きつけてしまう、というお話をしました。

しかし、女性が男性を惹きつけるだけでなく、女性自身も男性のほうに近づきたがることが明らかにされています。つまりは、危険なときは"お互いに引き合う"ようなのです。

米国メリーランド州にあるタウソン大学のジェフリー・サンダースは、17歳から27歳までの女性に月経周期を教えてもらう一方で、「快適な会話の距離」を調べる実験を行いました。

男性の大学院生が、女性に向かって歩いてくるので、自分が快適だと思うところまで歩いてきたら、「ストップ！」と声をかけてください、という実験です。

女性が「ストップ！」と声をかけたら、男性の大学院生は近づくのをやめます。そして、お互いのつま先の距離を測ってみたのです。すると、お互いの距離の平均は、次のようになりました。

133

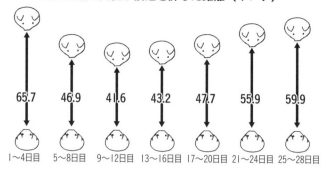

**月経周期と女性が接近を許した距離（インチ）**

すると妊娠しにくい時期の女性は、男性とはかなりの距離をとりたがりました。そのほうが快適な距離だと感じるのです。かなり離れたところでも、「ストップ！」と立ち止まらせてしまうのですね。

ところが、妊娠しやすい時期の女性は、男性がより近くまで自分に接近することを許すようになります。「もっと近づいてきてもいいんですよ」というわけです。

この結果から、女性は自分が妊娠しやすく、危険なタイミングほど男性に近づきたがる、ということがわかります。そういえば、女性が浮気をするのは、妊娠しやすいタイミング、つまりは最も危険なタイミングで増えるという研究もあります。

第4章 『出会いと恋愛』の心理学

◎ **女性もご用心**

なぜ、わざわざ自分が危険なときに、危険なこと（男性への近づき行動）が見られるのか、ちょっとよくわからないのですが、ともあれ女性は男性を惹きつけるだけでなく、自分のほうからも近づきたがるということを覚えておくといいでしょう。

もちろん、本人にも好みがあって、「男なら、だれでもいい」というわけではないのでしょうが、それでも妊娠しやすい時期には、つまらない男にも自分から近づいていってしまう危険性（可能性）が高くなるわけで、女性は十分に注意する必要があるといえるでしょう。

[ 女は危険なタイミングで男を許容する。 ]

\# 男と女の心理学

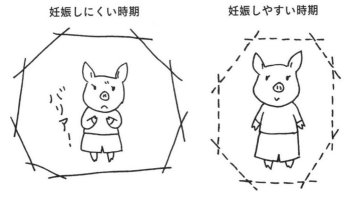

バリアが弱くなるので注意！

## 39 フェイスブックは心理学的にも やっぱりオススメ？

> 多くの人が情報発信をする時代になり、気になった人の人となりを知るのも容易になりました。なかでも、フェイスブックはぜひ活用したいツールのひとつです。

### ◎ フェイスブックは「付き合いはじめ」に有効

　女性は、男性に比べて警戒心が強いので、面識のない人にすぐ心を許すということはありません。カッコいい男性に言い寄られても、すぐにお付き合いするという決心ができないのも、警戒心が強いためです。

　ところが、そんな女性のみなさんにとって福音となるツールがあります。それが、フェイスブックです。

　フェイスブックを使えば、相手の男性がどんな人なのかをこっそりと調べることができます。「ああ、こんな趣味があるのか」とか「この辺に住んでいるのか」ということがわかれば、不安も減らせるからです。

　オハイオ州立大学のジェシー・フォックスは、付き合いはじめの初期段階においてこそ、フェイスブックが効果的に機能することを突き止めました。

　フォックスは、フェイスブックをやっていて、なおかつ恋人がいる男女55名を集めてフォーカス・グループによるインタビュ

ーを行ってみたのです。すると、フェイスブックは、「関係の形成段階ですごく役に立った」という意見が見られることがわかりました。

フェイスブックを使って、相手がどんな人かがわかったので、安心して付き合えたというのが役に立った理由です。

◎ **フェイスブックは知るためのツール**

心理学には、**「熟知性・魅力効果」**と呼ばれる用語があります。これは、**相手を知れば知るほど、つまり熟知性が高まるほど、相手の魅力も感じやすくなる**という心理効果のことを指します。

フェイスブックで相手を知れば知るほど、その人に心を許しやすくなるのは、この熟知性・魅力効果によるものだと考えられるでしょう。

SNSが存在しなかった時代では、相手の人となりを調べるのはとても大変なことでした。その人の友達に噂を聞いたり、興信所にお願いして素行を調べたり、あの手この手を使っていたものです。

ところが、現代では、相手のほうがどんどん個人情報を公表してくれますので、簡単に相手のことを知ることができます。まことに便利な時代になりました。特に女性は、相手のことをよく知らないうちには、どうしても心を開けませんから、なおさらフェイスブックは役に立つツールになることでしょう。

◎ 知れば知るほど好きになる？

私たちが、お互いに仲良くなっていくためには、どうしても相手のことを詳しく知らなければなりません。見知らぬ相手には、警戒心のほうが先に出てしまうからです。

反対に相手の趣味、家族構成、ペットを飼っているのかどうか、学歴、出身地など、**その人のことを知れば知るほど、私たちはその人との関係を深めようとするもの**です。

フェイスブックをやっていれば、あなたに少しでも興味がある人は勝手にあなたの情報を調べてくれますし、熟知性が高まれば、あなたにも魅力を感じやすくなるでしょう。

ですから恋人がいない人などは、積極的にフェイスブックを利用することがオススメなのです。

> "熟知性"が高まるほどに心は開かれる。
>
> #男と女の心理学

# 第5章
# 『結婚と家族』
# の心理学

## 40 モテない人のほうが結婚後は幸せになれる？

> 大変にモテる人はうらやましく思うものですが、心理学的には
> そうともいえません。むしろ、モテない人のほうが、結婚後は
> 幸せになれる可能性が高いのです。

### ◎ モテない人のほうが結婚後の満足度は高い？

　読者のみなさんは、異性によくモテるタイプでしょうか。それとも、あまり相手にしてもらえないタイプでしょうか。

　かりに後者なら、まことにラッキーだといえます。

　「えっ、逆でしょ!?」と思われるかもしれませんが、**モテないタイプのほうがラッキー**なのです。なぜかというと、結婚してからの満足度が、モテる人よりも高くなることが予想されるからです。

　リトアニアにあるヴィタウタス・マグナス大学のヴィスヴァルダス・レグカウスカスは、さまざまな夫婦について、結婚前にどれくらいの恋人とお付き合いしていたのかを教えてもらう一方で、結婚満足度についても調べてみました。

　その結果、男性にしても、女性にしても、結婚前にたくさんの恋人がいた人ほど、結婚満足度が低くなる、という明確な傾向が確認されたのです。

　結婚前に、だれともお付き合いしたことがない、あるいはせ

いぜい1人か2人としか付き合ったことがない、という人ほど、結婚してからの満足度は高かったのです。そういう人ほど、結婚後には幸せになれるのです。

これは、いったいどんなメカニズムによるのでしょうか。

### ◎ モテる人の考え

結婚するということは、ようするに1人の伴侶を選びだすという行為にほかなりません。

国によっては、何人もの人と結婚できるかもしれませんが、多くの国では、一夫一婦制が基本なので、そんなにたくさんの人と結婚できません。もしするとしたら、「重婚」という法律違反にすらなってしまいます。

モテる人にとっては、結婚するということは、「もう他の人とはお付き合いできない」ということを意味します。1人を選んでしまったら、もう他の人は選べません。したがって、**モテる人は、「ひょっとすると、もっといい人と結婚できたかもしれない……」という後悔を抱きやすくなります。**

こういう気持ちがあるので、結婚してからの満足度は低くなってしまうのです。

### ◎ モテない人の考え

その点、結婚前にまったくモテなかった人は違います。

「よかった。私みたいな人間でも結婚できた。まことにありがたいことだ。**私のような人間を選んでくれたパートナーには、ど**

れだけ感謝してもしすぎることはないな」という考えを持つのです。だから、パートナーにはまったく不満などありません。そのため、結婚後の満足度が高くなるのです。

「人生万事塞翁が馬」という言葉がありますが、「モテない人のほうが、結婚してからは幸せになれる」ということも、まさにこの言葉通りだといえます。逆説的なことながら、モテない人のほうが、最終的には幸せになれるというわけです。

人生の勝ち組とか負け組ということは、そんなに簡単に決まるものではありません。負け組のように見えても、結局は勝ち組、ということもよくあるのです。

> モテない人は現状に満足し感謝できる。

# 男と女の心理学

**モテる人は「ひょっとするとほかにもいい人と出会えるかも知れない」と思ってしまう**
↓
**結婚してからの満足度も低くなる傾向がある**

第5章 『結婚と家族』の心理学

# 41 「愛のない結婚」はそれほど不幸ではない？

> かつては結婚といえば「お見合い結婚」が一般的でしたが、今では圧倒的に「恋愛結婚」が主流です。では「愛のない結婚」は不幸なものなのでしょうか。

### ◎ 恋愛結婚が当たり前のご時世ですが

　かつての日本では、結婚相手は親が決めるのが当たり前でした。自由結婚、恋愛結婚もありましたが、親が選んだ相手とお見合いをして結婚するというパターンがごく普通に見られたのです。

　ところが、現在では、「愛がなければ（好きな相手じゃないと）結婚はムリ」という人が増えています。

　カリフォルニア州立大学のロバート・レビンは、世界11か国の大学生（のべ1170名）に、「もし他の点がすべて望ましい特徴を持っているとしたら、愛していなくとも結婚できますか？」という質問をしてみました。

　この調査は、日本人も対象になっていたのですが、日本人で「はい」と答えたのはわずかに2.3％でした。「いいえ」と答えたのが62.0％でした。「わからない」が35.7％です。

**「愛がなくとも結婚できる」という人は、ほとんどゼロに近い**といってよいでしょう。それくらい現代の日本人は、「愛情なしの結婚なんて、考えられない！」という価値観を持っているとい

143

えます。この点では、日本人の価値観は、欧米人の価値観に近いといえます。インドやパキスタンといった国では、「ごく普通に結婚できる」が50％近い回答になります。彼らにとっては、愛情などなくとも結婚できるのは当たり前なのでしょう。

### ◎ 結婚後の満足度に差はない

では、愛情のない結婚では、幸せになれないのでしょうか。いえいえ、そんなことはありません。

「愛のない結婚なんて信じられない」という価値観を持つ現代の日本人にとっては、驚くようなことかもしれませんが、別に愛情がない結婚をしたからといって確実に不幸になってしまうということでもないのです。

カリフォルニア州立大学のパメラ・レーガンは、お見合い結婚をした人と、恋愛結婚をした人のグループでの比較を行い、**結婚してからの満足度や愛情には、どちらにもまったく差がない**ことを明らかにしています。

お見合い結婚でも、結婚して一緒に暮らしていれば、そのうち相手のいいところもどんどん見つかるでしょうし、愛情も感じるようになります。決して、結婚生活に不満ばかり感じるわけではないのです。

### ◎ 愛情はあとから感じるようになってくる

「昔の日本では、親が決めた人と結婚していたんだから、きっ

と毎日が地獄で、不幸だったに違いないよ」と思う人がいるかもしれません。でももちろん、そんなことはありません。一緒に暮らしているうちに、私たちは相手に愛情を感じるようになるのが普通であって、恋愛結婚に比べて幸福感を感じられないとかそういうことにはならないのです。

おそらく現在の日本人は、「恋愛結婚じゃなければ絶対にイヤ！」という人が圧倒的に多いのでしょうけれども、お見合い結婚をするのも、結婚相談所で相手を見つけるのも、そんなに悪いことではないということは理解しておいてください。

つまらない偏見を持っているばかりに、せっかくのご縁をフイにすることになっては、もったいないことですから。

## 愛がなくても結婚後の満足度は変わらない。

# 男と女の心理学

恋愛を経て結婚

これから育てる

## 42 嫉妬深い人は結婚を決めるのが早い？

> あなたは「嫉妬深い人」のことをどう思いますか？ よくドラマではこのような人は、ちょっとコワい、あるいは面倒な人として描かれたりします。でも「愛情深い人」ともいえるのです。

### ◎「嫉妬の深さ」は「愛情の強さ」の裏返し

「嫉妬深い」という性格は、あまり好ましいとは思われていません。おそらく「嫉妬深い」という言葉からは、しつこいとか、粘着質だとか、気持ち悪い、というイメージが伝わるのではないかと思います。

では、嫉妬深い人はよくないのかというと、そういうわけではありません。

嫉妬深い人というのは、嫉妬しやすいくらいなのですから、それだけ「愛情が豊か」な人でもあります。相手のことをそんなに愛していないのであれば、そもそも嫉妬も起きないからです。

そもそも「恋人のことなんて、どうでもいい」と思っていれば、嫉妬が起きようはずがありません。**嫉妬が起きるということは、それだけ相手を愛しているからなのであって、嫉妬の大きさは愛情の大きさと比例している**、とも考えられるわけです。

嫉妬深い人のほうが、愛情が強いので、それだけ情熱的な恋をすることになります。

そしてまた、そういう人のほうが結婚も早くなります。

結婚という重大な決断をするためには、よほど強い愛情がなければなりません。愛情が弱い人は、なかなか結婚の踏み切りをつけることが難しいのです。**強烈な愛情があるからこそ、結婚の決断ができる**のです。

### ◎ 嫉妬深いほど結婚も早い

ウェスタン・イリノイ大学の**ユーゲン・マーチス**は、65組のカップルに、嫉妬深さのテストを実施しました。それから7年後にもう一度コンタクトをとり、彼らが結婚しているかどうかも調べました。

その結果、結婚していたグループのほうが、していないグループに比べて、7年前の嫉妬深さのテストの得点が高いことが判明しました。ようするに、嫉妬深い人ほど、結婚の決断も早いといえることがわかったのです。

「嫉妬深い男は、あんまり好きじゃない」という女性は多いと思うのですが、考え方次第では、嫉妬深い男もそんなに悪いわけではありません。特に、結婚したいという女性にとっては、そうでしょう。

付き合って何年も経つのにいつまでもプロポーズしてくれないとか、優柔不断で結婚してくれないという彼氏に我慢がならないのであれば、次に恋人を選ぶときには、なるべく嫉妬深い男性を選ぶとよいでしょう。**嫉妬深い男は、恋に燃えやすく、それゆえ**

**結婚に至るまでのペースも早い**はずですから。

　国民性でいいますと、アラブの男性、ブラジルの男性などは、情熱的で、嫉妬深いともいわれています。そういう男性との国際結婚を考えてみるのも、ひとつの手かもしれません。

[ 嫉妬が決断の早さを生みだす。 ]

# 男と女の心理学

## 43 女性が初産で"女の子"をほしがるのはなぜ？

> 初めての出産はだれしも不安を抱えるもの。特に女性にとっては一世一代のイベントでしょう。そうした「不安」が、「男の子と女の子のどちらがほしいか」、ということにも影響します。

◎ **男の子は未知なもの**

これから初産を控えたお母さんがいるとします。

さて、このお母さんは、男の子と女の子のどちらを授かりたいと願っているでしょうか。読者のみなさんには想像もできないかもしれませんが、心理学の勉強をしていると、こういう予想も立てられるようになるんですよ。

おそらくは「女の子」をほしがると思う、というのが心理学的な正解です。

トルコにあるガジ大学のエルヴァン・アイセリは、初産を控えたお母さんたちにどちらの性別の赤ちゃんを授かりたいですか、と尋ねてみたのですが、49.5％のお母さんは「女の子」だと答えました。

男の子がほしいと答えたのは25.3％で、残りのほぼ同数が「健康なら、どちらでもかまわない」でした。

**半数くらいのお母さんは、特に最初の赤ちゃんは、女の子がいいと思う**ようです。

| どちらの性別の赤ちゃんを授かりたい？ | |
|---|---|
| 女の子 | 49.5% |
| 男の子 | 25.3% |
| どちらでもいい | 25.2% |

　女性にとって、男性は外国人のように未知のところがあります。たとえ赤ちゃんでも、**男の子がどんな振る舞いをするのかがわからず、少しだけ不安です。**ですから、最初は女の子のほうが望ましいと思うのです。自分と同じ性別であれば、違う性別であるよりは気持ちもわかるというもの。何しろ、自分が通ってきた道ですからね。

### ◎「一姫二太郎」がいい理由

　読者のみなさんは、おばあちゃん世代の人たちが、「子どもを産むなら"一姫二太郎"がいいわよ」などと話しているのを聞いたことがありますでしょうか。

　最近のお母さんたちがそんなことを話しているのかどうかは、私にはちょっとわからないのですけれども、私よりも上の世代では、そんな言葉が普通に語られていた記憶があります。

　「一姫二太郎」というのは、**「子どもを授かるなら最初は女の子がよく、二番目には男の子がよい」**という意味です。そのため、最初に女の子が産まれると、「あら、最初が女の子でよかったわね」などと言われたものです。

第5章 『結婚と家族』の心理学

　出産は、女性にとって、ものすごく重大なイベント。

　そのため、いろいろな心配や不安で頭がいっぱいになります。「マタニティブルー」などという言葉もあります。それだけ、女性にとっては、心配な出来事なのです。無事に出産できたとしても、その後の育児についても不安がいっぱいです。

　そんなとき、もし最初の赤ちゃんが女の子であれば、自分にとっては未知の存在である男の子を扱うわけではないので、少しだけ悩みが減ります。ほんの少しでも悩みが減るなら、それは女性にとってはありがたいことで、だからこそ昔から「一姫二太郎」などという言葉も生まれたのだろうな、と心理学的には解釈できるわけです。

　ですから、結婚をして子どもが生まれるときには、夫は「最初は女の子がほしいなあ」と言ってあげると、奥さんの心配事をほんの少しだけ減らしてあげられるのではないかと思います。

[　　　初産の"不安"が女の子を求める。　　　]

＃男と女の心理学

「一姫二太郎」は理想的

# 44 プライドが高い男親ほど子どもの名前に同じ字を使う?

> 男性は、父親や祖父の名前から一字をとって名づけられた人が少なくありません。同じ漢字を使って名づけるのは、たいてい女性(母親)ではなく男性(父親)のほうです。

### ◎ 自分の字を使いたがるのは「男性的なタイプ」

親の名前にちなんだ名前を子どもにつけることはよくあります。親の一字を子どもにも使って名づけるなどがその典型です。たとえば、「光男」というお父さんが、自分の子どもに「光一」とつけるようなことです。

親にとっては、子どもはまさに自分の分身。

だからこそ、自分の名前をつけたくなる親心もわからなくはありません。

**代々続く名前の例**

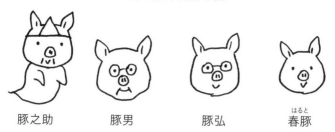

豚之助　　豚男　　豚弘　　春豚(はると)

もっとも、そういう気持ちが強い人は、男性に多いのです。しかも、性格的にいうと、「男性的なタイプ」が多いようです。
　なぜかはわかりませんが、**性格的に男っぽい人ほど、自分の名前にちなんだ名前を子どもにもつけてあげたくなる**ようです。しかも、生まれてくる赤ちゃんが男の子だったりすると、なおさら自分の名前をつけたくなるようです。男性にはそういうこだわりがあるのですね。

### ◎ 女性はこだわりが薄い

　オクラホマ大学のライアン・ブラウンは 527 名の男女の大学生に、「男らしさ」を測定する心理テストを実施しました。強さや勇敢さを大切にするかどうか、競争するのが好きかどうかなどで男らしさは判断されました。
　またブラウンは、男子大学生には「5 年以内に息子が産まれたとして、自分、または父親や祖父にちなんだ名前をつけると思いますか？」と尋ねてみました。
　すると先のテストで男っぽいと判断された人ほど、「つける」と答えた人が多かったのです。
　もともと自分の名前をつけたがるのは男性に多かったのですが、特に性格的な傾向まで男っぽい人は、自分の名前にこだわりがあって、息子にも自分の名前にちなんだ名前をつけたがるようです。
　一方女性は、そんなに自分の名前にこだわりがありませんでした。ブラウンは、女子大学生には「5 年以内に娘が産まれたとして、

自分または母親や祖母にちなんだ名前をつけると思いますか?」とも尋ねてみたのですが、「つける」という答えはそんなに多くありませんでした。また、男らしいかどうかもあまり関係がありませんでした。

◎ プライドが影響している
**男性は、もともと女性に比べてプライドが高い生きもの。**

男性は自分のことを誇りに思っていますし、それは名前にも及ぶのです。そのため、もし息子が産まれるのであれば、自分の名前をつけたいと思うのかもしれません。

女性は、男性に比べるとプライドがそんなに高くないというか、むしろ自分には嫌いな部分が多いとさえ感じていることが少なくありません。自分の名前にも男性ほどにはプライドを感じない、という傾向があるのかもしれません。

> 男らしい男ほど"自分の字"を使いたがる。
>
> ＃男と女の心理学

第 5 章 『結婚と家族』の心理学

## 45 女性は子どもを持つと強くなる。では男性は？

> みなさんの性格は、あるときを境に変化した、というターニングポイントがあるでしょうか。女性は子どもを持つと大きく変化する人が多いですが、男性はどうなのでしょうか。

### ◎ 性格はずっと同じではない

人の性格は、固定されたものではありません。時間の経過とともに、少しずつ変わるのが普通です。

学生時代には引っ込み思案だった人が、社会人になって社交的になることはよくあることですし、もともと大雑把な性格だった人が、いきなり几帳面な性格になることもあります。そこが人間の面白いところです。

さて、では結婚すると人は変わるのでしょうか。

正解はイエス。特に、女性は、子どもを産むとずいぶん変わるということがわかっています。

### ◎ 女性は自信を持ち社交的になる

米国ウェルズリー大学のポール・ウィンクは、1958 年のときに大学生だった人たちが、27 歳になったとき、43 歳になったとき、52 歳になったときに再調査をして、どのように性格が変わっていくのかを継時的に調べてみました。30 年にも渡る息の長い研究です。

その結果、女性は、結婚して子どもを産むと、自分に自信が持

てるようになることがわかりました。それまでは自己嫌悪が強くて、「私なんてどうせ……」と考えていたような女性も、**子どもを産むと、自信が持てるようになる**のです。自信がなければ、とても母親は務まらない、ということでしょうか。

また、女性は子どもを産むと、社交的になって、人あたりもよくなるという変化も見られました。それまで人付き合いが億劫だと感じていた人も、子どもを産むと変わるようです。ママ友たちとの付き合い、学校での保護者会のお付き合いなどが増えることにより、社交性が鍛えられるのでしょうか。理由まではちょっとよくわからないのですが。

一方で、男性はどうでしょうか。ウィンクの研究で面白いのは、**男性のほうは「そんなに変わらない」**ということです。

女性は、子どもを産むと、いきなり強くなるのですが、男性はというと、そんなこともなかったのです。「さあ俺も父親になったんだから、しっかりしないと！」という方向に変わりそうな気もするのですが、とりあえずウィンクの研究ではそのような変化は確認できませんでした。

## ◎ 変わる女性、変わらない男性

十代で結婚するようなちょっと不良な女の子でも、子どもを持つと、しっかりとしたお母さんになってしまうのですから、女性というのは本当に柔軟性があるというか、変化に富む性質があるようです。

第 5 章 『結婚と家族』の心理学

　その点、男性はというと、結婚しようが子どもができようが、子どもっぽい人は子どもっぽいまま、といえそうです。
　女性が立派な母親としての役割を身につけていこうとするのに対して、父親という役割は、少しくらいちゃらんぽらんでも務まってしまうからかもしれません。
　母親は、子育ての手を抜くと子どもを育てることができなくなりますが、父親のほうはそんなに頑張らなくともけっこう何とかなってしまうところがあるから、といえるのかもしれませんね。

[ **女は変わる。でも男はずっと変わらない。** ]

＃男と女の心理学

## 46 「ケンカをするほど仲がいい」といわれるのはなぜ？

> 「よくケンカをするほど仲がいい」といわれますね。果たしてそれは本当なのでしょうか。また、反対にケンカをしない場合は、どうなるのでしょうか。

◎ **心理学的にはケンカをしたほうがいい？**

「雨降って地固まる」ということわざがあります。

雨が降ると、地面がぬかるみますが、そのあとにはしっかりと以前よりも地面が固くなることを表し、悪いことがあったあとには、かえって前よりもいい状態になることがありますよ、という意味です。

このことわざは、ケンカをした恋人や夫婦などにも使われます。

ケンカをする恋人のほうが、ケンカをしない恋人よりも、かえって仲良くなれるというのですが、これは本当なのでしょうか。

実は、心理学的にいうと、まさしくその通りなのです。

◎ **ケンカの効用**

テキサス大学のリサ・ネフは、結婚して半年以内の61組の新婚夫婦に、2年半に渡る調査を実施してみました。何を調べたのかというと、その調査期間中に離婚するのかどうかです。

ネフが調べたところ、**新婚数か月のうちに、ちょっとしたケンカをし、それを乗り越えた夫婦は、その後も円満でいられること**

**がわかりました。**ところが、新婚のうちにケンカをしない夫婦では、破局を迎えることが多かったのです。

お互いにストレスを感じて衝突することは、決して悪いことではありません。なぜなら、ケンカをすることによって、その乗り越え方を学ぶこともできるからです。**どうすれば仲直りできるのか**の練習もできるのです。

### ◎ 免疫効果によって離婚を回避

ネフは、ちょっとしたケンカを経験している夫婦のほうが、離婚しなくなることを**「免疫効果」**と名づけました。

インフルエンザなどのワクチン接種では、小さな病原体を接種して、免疫をつけておけば、その後はより強い病原体に対しても抵抗力を持つことができます。

夫婦も同じで、**ちょっとしたケンカを経験しておけば、ケンカをすることに"免疫がついて"、その後はもっと強い関係が生まれる**のです。まさしく、「雨降って地固まる」ということわざ通りですね。

一方で、最初にケンカをしない夫婦では、免疫をつけることができません。ですので、いきなり大ゲンカをすることになってしまって、一発で離婚する、ということになりやすいのです。

ちょっとしたケンカをするほど強い関係になる

ちょっとしたケンカをしないと、いきなり大ゲンカになりかねない

◎「我慢」は危険

「最初の数か月くらいは、自分が我慢してやるか」という考えは、とても危険です。むしろ、**気に入らないことがあれば、あまり心の中で問題が大きくなる前に、ケンカをしてしまいましょう。**

なぜなら、そうやって小さなことでケンカをしておけば、あとでもっと大きなケンカをすることになったとしても、けっこううまく乗り切ることができるようになるからです。

[　　　　免疫効果が２人の関係を強化する。　　　　]

# 男と女の心理学

第5章 『結婚と家族』の心理学

# 47 毎日セックスする人ほどストレスがない？

現代は「ストレス社会」といわれて久しいですが、そんなストレスまみれの私たちが、簡単に、一気にストレス解消できる方法がセックスをすることです。

## ◎ セクシャル・ヒーリング

セックスをすると、男性でも女性でも、気分がスッキリすることがわかっています。シャワーを浴びたあとのように、心がスッキリするのです。

毎日、セックスをする人がいるとすると、おそらくその人はストレスを蓄積することがないでしょうから、毎日、晴れやかな気分でいられるはずです。

**「セクシャル・ヒーリング」** という心理学用語があります。きちんとした訳語はないようですが、「セックスによる癒し効果」とでも名づければよいでしょうか。

## ◎ 男女共通のストレス解消法

イスラエルにあるインターディスプリナリ・センターの**タッチ・アイン゠ドール**は、75名の男女に、18週間（4か月半）の日記をつけてもらいました。特に記録させたのは、毎日、どれくらい気分がムシャクシャし、ストレスを感じたかどうか。そして、その日にセックスをしたかどうかです。

161

その結果、セックスをした翌日には、ストレスが減って、さわやかな心理状態になることがわかりました。どんなにストレスが溜まっても、セックスをすれば、一気にストレス解消ができるわけですから、かなり効果的なストレス解消法だといえそうです。
　アイン＝ドールによると、この効果は、男性にも、女性にも見られました。「男性は、セックスをするとスッキリするかもしれないけれども、女性はそうでもないのかも？」とも思いましたが、そんなことはないようです。

### ◎ セックスの効用とセックスレスの弊害

　最近は、夫婦でもあまりセックスをしない**「セックスレス」**というものが問題になっていますが、そういう夫婦では、知らないうちにお互いにストレスが溜まっていってしまうのではないかと思います。
　愛し合っている２人がセックスをするのは自然なことですし、セックスをすれば、翌日にはまたやる気や活力がみなぎってくるのですから、あえてセックスレスを選択するのもおかしなものです。
　セックスをすると、身体のホルモンバランスも整いますから、お肌もツルツルになります。髪の毛もツヤツヤになるでしょう。そしてまた、免疫系にも好ましい効果をもたらしますから、風邪などのウィルスにも感染しにくくなります。
　ネズミを使った実験でも、セックスをしているネズミは、毛並がツヤツヤしてきて、健康的になれるのに、セックスを禁止され

たネズミでは、毛並が悪くなることもわかっています。

さすがに、「たとえ愛情がなくとも相手がいるのならセックスをしなさい」とまではいいません。ただ、あえて禁欲的な生活を選んで、セックスをしないのもおかしなものです。

自然な形でセックスができるのなら、ぜひそうしたほうがいい、というのが心理学的な見解です。

[ 男女のスキンシップが一番のストレス解消法。 ]
#男と女の心理学

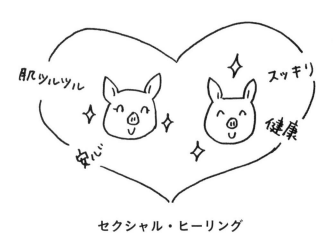

**セクシャル・ヒーリング**

# 第6章
# 『誤解とすれ違い』の心理学

## 48 女性が酔っ払いすぎると男性は"勘違い"してしまう？

お酒を飲むと気持ちがハイになって、よくしゃべるようになり、声が大きくなり、身体をよく動かすようになるものです。これらの「サイン」は男性を勘違いさせてしまうことがあります。

### ◎ ミスコミュニケーションには要注意

女性同士で集まる女子会においてお酒を飲むのであれば、いくら飲んで酔っ払ってもかまいません。なぜなら、かりに問題が起きるのだとしても、女友達の前で酔っ払いすぎて醜態をさらしてしまう、くらいの軽い問題で済むからです。

ところが、男性と飲むときには注意が必要です。

というのも、**男性は酔っ払った女性を見ると、"勘違い"をしやすい**のです。

「この女は、俺に気があるはず」

「この女は、俺を誘っているに違いない」

そんなことを考え始める傾向があります。女性には、まったくそんな気がなかったとしても、男性はそう考えません。ときにはセックスを強要されたり、デートレイプの被害に遭うなんてことも起きています。それはこういう事情があるからです。

ですから、「男性と飲むときには要注意！」ということをぜひ覚えておいてほしいと思います。

コミュニケーションの送り手の意図と、受け手の意図が食い違う場合があり、これを**「ミスコミュニケーション」**といいます。男女のあいだでは、このミスコミュニケーションが時折発生するのですが、酔っ払ったときには特に起きやすい傾向があります。

ちなみに、「ディスコミュニケーション」という別の用語もありますが、こちらはコミュニケーションが行われていない状態を指します。疎遠になった人のことですね。まったく別の用語なのですが、よく勘違いされます。

### ◎ ロマンチックなサインと誤解する

さて、ニューヨーク州立大学のキャサリン・パークスは、42名の女子大学生に実験に参加してもらいました。どんな実験かというと、バーに出向いて男性の協力者とお酒を飲む、という楽しい実験です。

女性がお酒を飲んでいる場面はビデオでこっそり録画されており、あとでそのビデオを他の男性に見せて、どのような印象を与えるのかを調べてみました。

その結果、女性は、酔っ払ってくると、よくしゃべるようになり、声が大きくなり、身体をよく動かすようになりました。

実は、これらの特徴は、**「ロマンチックな関心を示すサイン」**と同じで、男性からは「気がある」と誤解されやすい特徴でもありました。実際、ビデオを見た男性の判定者たちにはそのように判断されました。

女性は女性で、「えっ、そんなつもりは全然なかったんだけど」

と思うかもしれませんが、男性からしたら、「お前のほうが先に誘ってきたんだろう」ということになりかねません。

◎ **酔っ払いすぎないように**

このように、女性が発信するコミュニケーションを、男性は誤解して受け取ってしまいやすいのです。特に酔っ払ったときに発信するサインは、男性にとっては、**挑発的**、**誘惑的**に見えてしまうことが多いということを覚えておきましょう。

男性とお酒を飲むときには、普段の6割くらいに酒量をセーブしておくとか、アルコールを一杯飲んだら、次にはソフトドリンクを一杯飲む、というようにして、あまり酔っ払いすぎないようにするのが自分を守るために必要です。

> お酒の席では"勘違い"が多発する。
> 
> \# 男と女の心理学

第6章 『誤解とすれ違い』の心理学

# 49 実際のところ"男女の友情"は成り立つの？

> 男女の友情はどの程度成立するのか、気になる人は少なくないでしょう。もちろん人それぞれではあるでしょうが、心理学的には「成立しない」と考えたほうがよさそうです。

## ◎ 実際、かなり難しい？

男性と女性のあいだにも、「友情」というものは成り立つのでしょうか。

普通、友情といえば、男性同士、女性同士のあいだに成立するものですが、相手が異性であっても同性のときと同じような友情を形成することは可能なのでしょうか。

結論からいいましょう。

これは、かなり困難な作業になります。

理由はというと、**女性にとってはそれができても、男性にとっては難しいから**です。女性は、男友達のことを単なる友達のひとりとして認識することができます。ところが、男性にはこれがなかなかできないのです。男性は、女友達とは男友達と同じようには付き合えません。そのため、男女のあいだには友情が成立しにくいのです。

## ◎ 男性は友達ではなく「女性」として見てしまう

ウィスコンシン大学のエイプリル・ブリスク゠レチェックは、

男女のあいだに友情を成り立たせるのは非常に難しいということを確認しています。

男性は、女友達のことを「友達」というよりは「女性」として見てしまうからです。つまり、「魅力」を感じてしまいますし、「デートしたい」とも感じてしまうのです。これでは「友達」ではなくて、「恋人」ですよね。

女性は、そんなことはありません。男友達について、異性に感じるような魅力を感じることもありませんし、デートしたいとも思いません。ブリスク＝レチェックはこれを実験的に検証しました。

◎「好きにならない」固い決心が必要

ようするに、男性にとっては、女友達との付き合いも"恋愛"になってしまうのです。

最初のうちは、友達としてのお付き合いができるのかもしれませんが、そのうちに「恋心」を抱いてしまうことでしょう。男性は、特にそうなりやすいのです。

女性は、友達は友達として割り切っています。男友達は、どこまでも男友達なので、普通は恋愛対象として見ることはありません。何年付き合おうが、そうなのです。そのため、男友達がいきなり自分に向かって告白してきたり、セックスを求めてきたりすると、ビックリしてしまうのです。

いきなり友達から恋人になろうとしても、「えっ、○○クンは友達でしょ？」と女性は断ります。そして、自分に恋心を向けて

第6章 『誤解とすれ違い』の心理学

くる男友達とはその後は付き合わないようにします。こうして男女の友情は終わるのです。

このように、男女の友情が成立しにくいのは、男性側に問題があることが多いようです。

ですので、もし男女のあいだに友情を成立させたいのであれば、男性側に、「絶対に好きにならない」といった覚悟がなければなりません。

もともと恋愛感情などなくとも、男性は一緒に遊んでいるうちに女の子を好きになってしまうことが多いので、友情をつづけたいのであれば、**「好きにならない」と固く決心しておく必要がある**のです。

[ 男女の友情は、成立しない。 ]

# 男と女の心理学

## 50 「愛のないセックス」なら許せる？ それとも許せない？

> よく「不倫は許せないけど、風俗ならまあいいかな」といった意見が聞かれます。でも、これは男性に対する女性の考えです。反対に男性は女性に対して、同じだけ許せるものでしょうか。

### ◎ サイバーセックスに嫉妬する？

　一口に「嫉妬」といっても、どんなことに対して嫉妬するのかという、嫉妬がむけられる対象については、男女で違いがあります。

　そう指摘するのは、アラバマ大学のロザンナ・ガダーノです。

　ガダーノは、332名の大学生に、「もしあなたの恋人が、ネットで知り合った人とサイバーセックスをしているとすると、どう感じますか？」と尋ねてみました。

　すると、男性の **50.9%** が「嫉妬に苦しむだろう」と答えたのです。男性は、自分の彼女がかりにサイバー空間であってもセックスしていると思うと嫉妬するのです。

　ところが女性はというと、「嫉妬する」と答えたのは **28.0%**。男性の半分くらいしかいませんでした。女性にとっては、現実にデートをして、実際に会っているのでなければ、そんなに嫉妬も感じないようです。「まあ、サイバー空間ならいいか」と大目に見てあげる女性のほうが大多数だったのです。

　男性は、たとえサイバー空間であっても、自分の彼女が他の男

性とセックスすることが許せません。大目に見ることなどできないのです。

### ◎「愛のないセックス」なら許せる？

　ということは、男性にとっては、恋人が現実にほかの男性とセックスすることはもっと許せないことかもしれません。

　ウェスタン・イリノイ大学のユーゲン・マーチスによると、男性は自分の恋人がセックスをすると嫉妬を感じるのに対して、女性は他の女性に心を奪われると嫉妬することも明らかにされています。

　**男性は、自分の彼女が他の男性とセックスしていると、たとえ愛情がない浮気なのだとしても、嫉妬する**のです。自分の彼女の身体が他の男に触れられるのが単純に許せない、ということなのでしょう。

　その点、**女性は、かりに自分の彼氏が他の女の子とセックスするのだとしても、心を奪われているのでなければ、ここでも大目に見てしまう**傾向があります。「愛のないセックス」であれば、「まあ、いいか」と思ってしまうようなのです。

### ◎ 女性向け風俗はなぜ少ない？

　そういえば男性は、彼女がいたとしても、あるいは奥さんがいたとしても、風俗に出かけることがあります。お金を払って射精をするわけですが、それを大目に見る女性もわりと多いと聞きます。「本当にその子を好きにならなければ、まだしも許せる」と

考えて、そんなに嫉妬もしないのです。

　男性は、おそらく自分の彼女が他の男とセックスしていたら、どんなに「愛情があるわけではない」と言い訳しても、嫉妬するでしょう。

　ところで、男性向けの風俗店というのはいくらでもありますが、女性向けの風俗店というものがあまり存在しません。これは、女性が風俗に行こうとすると、彼氏や旦那さんにどうしても許してもらえないから、という理由があるのかもしれませんね。

[ 男は女のサイバーセックスにも嫉妬する。 ]

＃男と女の心理学

## パートナーに対してNGなこと

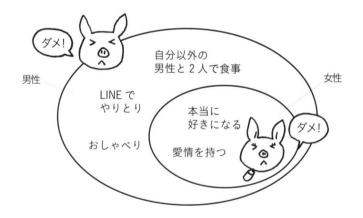

## 51 男女では「デートに求めるもの」がまったく違う?

> あなたが初めてデートをするときに、相手に求めることといったら何でしょうか。実は男性か女性かによって、デートの目的が大きく違うことがわかっています。

◎ **男のホンネ、女のホンネ**

男性と女性では、デートにあたっての心構えというか、その目的が違います。

率直にいって男性は、**女性とエッチをすることが第一**です。「あわよくば最後まで……」と心のどこかで期待してしまうのが、男性のホンネなのですね。

女性はというと、そもそもの「デートに求めているもの」が違います。女性は、**男性ともっと親密になりたい、もっと仲良くなりたい、もっと楽しい関係を築きたい**、というのが一番大切な目的です。そのため、すぐに肉体関係を求めてくるような男性とのデートには、ちょっとガッカリさせられてしまうのです。

男性は男性で、エッチをさせてくれない女性には悶々とさせられるでしょうし、女性は女性でそんなことばかり考えている男性には失望してしまいます。

お互いに、そもそもデートに求める目的が違う、ということを理解しておけば、腹をたてたり、失望することもありません。ですから、男女の心理の違いを理解しておくことはとても大切なこ

となのです。

### ◎ 男性は若くても年をとっても…

アリゾナ州立大学のポール・モンギューは、約200名の大学生（平均22.61歳）と、約100名の年配者（平均46.69歳）に、「最初のデートの目的」を尋ねてみました。すると、次のような結果が得られたそうです。

**最初のデートの目的**

|  | 男性 | | 女性 | |
|---|---|---|---|---|
|  | 年輩者 | 大学生 | 年輩者 | 大学生 |
| 楽しみたい | 0% | 12.1% | 20.7% | 31.0% |
| セックスしたい | 24.0% | 21.2% | 8.6% | 5.6% |

ある程度の年齢になれば、男性も少しは落ち着いてくるのかと思いきや、どうもそうでもないようです。男性は、若かろうが、年配になろうが、「初回のデートでエッチしたい」という気持ちがあるみたいですね。もちろん女性にもそういう女性はいるようですが、かなり少数派です。

女性にとっての最初のデートの目的は、**「楽しみたい」**ということ。一方で年配の男性では、そういう答えはゼロです。より即時的な欲求を満たしたいと思うのでしょうか。

第6章 『誤解とすれ違い』の心理学

## ◎ まずは「楽しませる」ことに集中しよう

男性は、自分の欲望を少しだけ脇に置いておいて、「女性は、最初のデートからエッチを求めていない」ということを理解してあげるくらいの心の余裕を持たなければなりません。

とにかく最初のデートは、**女性を楽しませることを第一に考えるべき**であって、余計なことを考えるのは禁物といえるでしょう。ましてや下心は厳禁といえます。

心に余裕をもって、とにかく女性を楽しませることだけを考えていれば、女性にもモテるでしょうし、「棚から牡丹餅」という予想外の結果が得られる、なんてこともあるかもしれません。

ともあれ、男性と女性とでは、最初のデートに対するそもそもの目的が違うのだ、ということを理解しておけば、異性との付き合いで失敗することも少しは減るのではないでしょうか。

> 男はセックス、女は楽しい時間を求めている。
> 
> # 男と女の心理学

177

## 52 エッチに誘われたら OKする女性はどのくらいいる?

> 「肉食系女子が増えた」とか「女性が強くなった」という話を聞くことが以前に比べて多くなった気がします。では、昔に比べて女性が奔放になった、という事実はあるのでしょうか。

◎ **女性で応じた人はゼロ**

男性に比べると、女性は性に関してとても保守的です。出会ってすぐのエッチについても、男性はまったくもってOKですが、女性はそういうことはほとんどしません。

クラークとハットフィールドという2人の心理学者が1978年と82年に、大学のキャンパスで男女のアシスタントに頼んで、「今晩、僕と(私と)セックスしませんか?」と声をかけさせる実験をしたことがありました。

この実験で男性は、1978年の実験で**75%**、82年の実験では**69%**が「はい、ぜひ!」と答えました。男性は、見知らぬ女性からのいきなりの誘いでも、けっこうウェルカムだったのです。

けれども、どちらの実験でも、**女性で応じた人はゼロ**。いきなりセックスしませんかと求められて、「ええ、そうですね」と応じる女性はいませんでした。

◎ **現代でも変わらない保守性**

では、時代が進んだ現代ではどうなのでしょうか。女性の社会

進出も目覚ましいですし、ひょっとしたら男性と同じくらい性についても積極的になったのでしょうか。

それに興味を持ったミシガン大学のテリー・コンレイは、2011 年に同じ追試を行ってみました。といっても、今回は「もしそういう誘いを受けたら、あなたはどうしますか？」という質問をし、「絶対に OK しないだろう」なら 1 を、「絶対に OK する」なら 7 を選ばせるという実験です。

この研究では、男性の **74％が 2 から 7** を選びました。男性は「基本的に OK」というわけです。ところが、女性の **82％は 1** を選びました。「絶対にしない」と答えたのです。時代が変わっても、女性はやっぱり保守的なままであることが確認されたといえるでしょう。

### ◎ **本当に女性は「強く」なった？**

最近マスコミはよく、「女性が強くなった」「肉食系女子が増えた」「男性と同じくらい女性も積極的にエッチする」などと報じたりするようになりました。でもそれは、本当のことなのでしょうか。

私には、どうもそれがインチキな情報に思えてなりません。たしかにほんの一握りの女性は、性に対しても奔放なのかもしれませんが、圧倒的多数の女性は、今でもきわめて保守的なままなのではないか、と思っています。女性の意識が、そんなに簡単に変わるとはとても思えないのです。

いうまでもなく、女性はエッチをすると、妊娠をしたり、出産

をするというリスクを抱えています。男性にホイホイとついていったら、乱暴をされたり、殺されてしまうかもしれない、というリスクもあります。そういうリスクを冒してまで、女性が奔放になれるとはとても思えません。

　いくら時代や社会が変わったといっても、女性はそんなに変わらないのだと思います。だからこそ、男性が女性にエッチを求めるときには、いきなり求めるということがないように注意しないといけません。ゆっくりとしっかり関係を深めていく、という手続きを踏まなければならないということを忘れてはいけません。

### 女の"保守性"は不変。

# 男と女の心理学

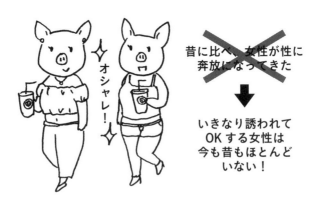

第6章 『誤解とすれ違い』の心理学

# 53 「一瞬で恋に落ちる」なんてありえるの？

「いい感じ」に盛り上がって、あるいはひょんな展開から、一夜限りの関係になった、という経験がある人もいるかもしれません。でもそうした女性の多くは後悔することが多いようです。

### ◎「一瞬で恋に落ちる」はほとんどない

女性は、できるだけ身持ちを固くしておかなければなりません。

なぜかというと、心理学のデータからすれば、気軽にエッチをすると、結局は、後悔することになることが目に見えているからです。

たとえば「旅行中だから、まぁいいか」などと一夜限りのアバンチュールを楽しもうとすると、男性はいいのかもしれませんが、女性は後悔することになります。その場の雰囲気に流されたりしないことが大切です。

ノーザン・アイオワ大学のエレイン・アシュバウは、152名の女子大学生に「フックアップ」（hook up）された経験について質問してみました。

「フックアップ」というのは、「かぎで引っかける」というのが元々の意味ですが、男性にうまく釣り上げられてしまった、という意味でも使われます。

アシュバウが調べたところ、上手に男性に言いくるめられてセ

ックスしてしまった女性のうち、「後悔した」と答えた人がなんと74％いました。**4人のうち3人は後悔する**ことになるのですから、かなりの高確率で後悔してしまうわけです。

特に、「一回だけのセックスだった」というときに後悔は大きくなります。また、「知り合って24時間以内のセックスだった」というときにも後悔していることがわかりました。

映画や小説にあるような、たまたま出会った男女が一瞬で恋に落ちる、というようなことは、現実には、"ほとんどない"と思っていたほうがよさそうです。

これは運命？勘違い？

◎「運命」はただの誤解？

時には「私たちの出会いって、ひょっとして運命なのかも!?」と感じることがあるかもしれませんが、はっきりいっておきましょう。**それは「運命」ではなくて、「誤解」**です（笑）。

だからこそつい雰囲気に流されてエッチなどしてしまうと、「ああ、やっぱりしなきゃよかった」と後悔することのほうが多いのです。「気が合いさえすれば、出会ってすぐにエッチをしても問題ない」などと平気で書いている女性誌などもあるようですが、本当のことなのでしょうか。私には、まったくのウソにしか思えません。
　「女性が進んでいる」ように思われているアメリカ社会においても、気軽にエッチをすると後悔する女性のほうがはるかに多いのですから、ましてや日本ではなおさらそうなのではないか、と思います。

### ◎ 本気か遊びかの見極めどころ
　もし本当に、その男性と縁があるのなら、あるいは男性が本気で恋愛をしたいと思うのなら、急いでエッチをしなくとも、必ず連絡先を交換してほしいと言ってくるはずです。そして、普通にデートをしたいと申し出てくるのではないでしょうか。
　**出会ってすぐに「エッチをしよう」と誘ってくる男性は、本気で恋愛をしたいのではなく、単なる遊びです。**本気の男性は、女性を傷つけるようなことはできるだけしたくないと思うものですし、大切にしようと思うのが普通だからです。その点を見誤らないようにしましょう。

>　「運命かも！？」は誤解でしかない。
>
> ＃男と女の心理学

## 54 「将来離婚しそうな人」は性格でわかってしまう?

> だれもが一度は夢見る「幸せな結婚生活」というものがあるものです。しかし結婚生活は、もちろんいいことばかりではありません。そんな結婚生活にむいていない人をご紹介しましょう。

### ◎「離婚しやすいタイプ」の人とは

結婚をするなら、だれでも幸せな結婚をしたいと思うものです。わざわざ不幸になりたいと思う人などひとりもいないでしょうし、結婚するときには、離婚することなど想像もしないでしょう。

けれども、残念ながらこの世の中には、**「離婚しやすいタイプの人」というのが、間違いなく存在する**のです。結婚相手を選ぶときには、できればそういうタイプの人はあらかじめ避けたほうがいいと思います。君子危うきに近寄らず、ともいいますし。

ハーバード大学のアヴシャロム・カスピは、長期にわたる追跡調査を行って、どういう男の子、あるいは女の子が将来的に離婚してしまうのかを調べてみました。

その結果、子どものときに、癇癪持ちな男の子の50%近くが、40歳までに離婚していることが判明しました。

すぐに怒りだす男性が、離婚しやすいというのは、常識的にもよく理解できます。ちょっとしたことですぐにキレてしまうような男性は、結婚生活でも我慢ができません。そういう人は、よほ

どよくできた女性と結婚しないと、離婚は避けられないでしょう。

ちなみに、癇癪を示さない男の子のほうはというと、40歳までに離婚する人は22％でした。もしみなさんが女性なら、**「怒りっぽい男性はなるべく避けたほうが無難ですよ」**というアドバイスができるでしょうか。

女性のほうはというと、子どもの頃にすぐに不機嫌になる女の子の25％近くが40歳までに離婚していました。

女の子は男の子のように癇癪を起こしてモノを投げたり、他人に暴力をふるったりということはあまりしませんが、気に入らないときにはふて腐れたような顔をしますよね。すぐにふくれっ面をするような女の子は、やはり結婚にむいていないというか、結婚しても離婚する可能性が高いといえるのです。

一方、温和な気質の女の子が40歳までに離婚するのは12％でした。もし読者のみなさんが男性の独身者なのであれば、性格的に、すぐに不機嫌になったりせず、感情が安定した女性を結婚相手に選ぶといいのではないでしょうか。

### ◎ 怒りっぽさが結婚の向き・不向きにつながる

結局のところ、**男性でも女性でも、怒りっぽいかどうかで、結婚についての向き・不向きが判断できる**と思ってよいでしょう。

結婚生活にはいろいろなことがあります。もちろんいいことばかりではなくて、腹の立つようなこともよくあります。結婚生活は、そんなにバラ色でもない、というのが現実です。ですので、

小さなことでいちいち腹をたてていたら、とてもではありませんが、結婚生活を継続することはできないのです。

性格が温和というか、少々のことではいちいち感情を高ぶらせたりしない相手を選ぶのが、結婚生活を成功させる秘訣であるといえるでしょう。

もちろん、そういう相手を選ぶだけではなく、自分自身も小さなことでいちいち腹をたてないよう、できるだけ温和な性格になるように努力することも大切です。相手にばかりそれを求めるのではなく、まず自分自身がそういう性格になることも大切なのです。

[ 怒りっぽい人は結婚生活に不安あり。 ]

＃男と女の心理学

結婚にむいている
・温和
・妥協できる

結婚にむいていない
・短気
・すぐキレる

第6章 『誤解とすれ違い』の心理学

# 55 ケンカを減らすにはコツがある?

前章の46では小さなケンカをすることの効用をお伝えしましたが、実際はケンカをしないに越したことはありません。パートナーとの衝突を減らすためにはどうしたらいいのでしょうか。

## ◎ 衝突が絶えない心理、仲良しの心理

そもそも私たちが人と「衝突」をするときは、どんな心理になっているのでしょうか。そのことがわかれば、ケンカそのものを減らすことができるかもしれません。

人間関係で衝突が起きたとき、私たちは相手に非があるのか、それとも自分が悪いのかを考えなければならなくなります。

ところが、大半の人は、**「明らかに悪いのは、むこう」**と考えてしまいやすいのです。そういう人の本心は、「悪いのはむこうなのだから、考えを改めたり、行動を改めたりしなければならないのは、相手のほう。**自分が変わる必要なんてない。**なにしろ、悪いのはあちらなのだから」といったところでしょう。

だいたいこうした考え方をする人のほうが多いと思うのですが、残念ながら、こういう考え方をしているうちは、ケンカが絶えないでしょう。

一方で仲良し夫婦は、違う考え方をします。

**「自分が変わる」という選択をする**のです。

「たしかにむこうも悪いかもしれないけど、こちらも改善して

あげたほうがいいな」と考えるわけです。そのほうが、お互いに仲良くいられますし、かりにケンカをしても、深刻な問題にまで発展することはほとんどないでしょう。

### ◎ 相手が変わる？ 自分が変わる？

ニュージーランドにあるオークランド大学のシュリーナ・ヒラは、160名の大学生に恋人との関係において、「相手が変わる努力をすべきか」それとも「自分が変わる努力をすべきか」という質問をしました。また、「あなたたちの関係は、ここ半年でよくなったと感じますか？」とも尋ねてみました。

その結果、「自分が変わる努力をすべきだと思う」と答えた人ほど、「関係もよくなってきたと感じる」ことが多かったのです。

逆に「相手が変わるべき」と考えている人は、「関係はどんどん悪くなっているように感じる」という回答が多く見られました。

相手を変えようとするのは、恋人関係においては、有害だったということです。

お互いずっと平行線

**「相手が悪い」とか「相手が変わるべき」と感じていると、相手のイヤなところ、相手の問題点ばかりが目につくようになっていきます。**これでは、相手だっていい気持ちはしません。自分のあら探しばかりしてくる人とお付き合いするのなんて、苦痛ですからね。それにまた、私たちは、人から「ああしろ、こうしろ」と言われるのがあまり好きではありません。ですので、自分にそういう命令をしてくるパートナーとは、お付き合いしたくもなくなっていくのです。

### ◎ 仲良くやっていく秘訣

相手も悪いかもしれないけど、**自分にだって改善したほうがいいことはたくさんある**と謙虚に考えることがポイントです。それが、夫婦や恋人と仲良くやっていく秘訣です。

それに、「自分を変える」ことは自分の努力でいくらでもできるでしょうが、「相手を変える」のは、はっきりいってムリです。そんなことを試みてもどうせ相手は変わってくれません。だとしたら、自分を変えるほうがよほどてっとり早いといえます。

もっとも、我慢をしすぎるのは考えものです。言うべきことはしっかり言いつつ、日々小さなケンカをしておくことは大切です。その上で、自分にも「改善すべきこと」がないか見つめ直すようにしてみるとよいでしょう。

> 改善すべきは「相手が悪い」という心理。
>
> # 男と女の心理学

# 56 「ツラい結婚生活」はどの程度続けるべき?

> 修復不可能なほどにもつれた夫婦関係になっても、「頑張れば何とかなるのでは」と考える人はいるでしょう。でも苦痛な結婚生活をムリに続けていても、お互いに幸せにはなれません。

### ◎ 離婚で心理的健康度が上がる?

かつての日本社会では、なかなか離婚しにくいという状況がありました。離婚をすると、社会人として不適合者であるとか、人間としてダメなヤツであるとか、いろいろと悪い印象を与えやすく、離婚したくてもしにくい風潮があったのです。

もちろん、なるべくお互いに努力して結婚生活を維持することは大切だと思いますが、どうしても修復できないというのであれば、思い切って離婚したほうがいいと思います。苦痛ばかりの結婚生活を続けても、お互いに幸せにはなれません。

米国にあるワトソン・ワイアット・ワールドワイド社のジョナサン・ガードナーは、離婚を考えている430組の夫婦の、離婚する前後での心理的な健康度のデータをとらせてもらい、それを分析してみたことがあります。

その結果、男性でも、女性でも、どちらも同程度に、離婚したあとのほうが、「気分がスッキリ」して、心理的健康度が高くなることがわかりました。

相手がイヤだからといって、すぐに別れたほうがいいのかというと、それはちょっと違うでしょうが、ともあれ修復不可能なときには、離婚したほうがお互いにハッピーになれることをガードナーの研究は裏づけています。

### ◎「頑張れば何とかなる」は幻想

よく「子どものためだから」といってムリをして離婚しない夫婦もいますが、毎日のように夫婦喧嘩を見せられるのであれば、それは子どもにとっても苦痛でしかありません。こんなときには、むしろ離婚してもらったほうが、子どももホッとするのではないでしょうか。

**人間関係においては、お互いの努力で修復できるものと、できないものがあります。** それが現実です。

「頑張れば何とかなる」と考えるのは、幻想にすぎません。現実には、どうにも手の施しようのないほどこじれた人間関係というのがあるのであって、そんな関係まで修復しようとするよりは、むしろお互いにお別れして、それぞれが新しいパートナーを探したほうが、建設的であることも多いのです。

### ◎ 夫婦生活に限らない

このようなことは、夫婦関係に限った話でありません。ほかにも人間関係において「もうお手上げだ」ということは現実によくあります。

たとえば学校で受けるイジメもそうでしょう。クラスの雰囲気

を変える努力をするとか、イジメっ子に先生がよく言い聞かせるといったことも大切ではありますが、どうしようもないときには、違う学校へ転校してしまったほうが、よほど話は早いということもあるのです。

関係の修復にむけて努力することはもちろん大切なことです。でも修復できそうになかったり、自分の気持ちがいよいよ持たないとなれば、縁を切ることも考えるようにしましょう。

「頑張れば何とかなる」ということには、限度があるのですから。

> "無理"を続けても、だれも幸せにならない。

#男と女の心理学

# 第7章
# 『職場と人付き合い』の心理学

## 57 同性ばかりの職場だと女性は結婚願望がなくなる?

> 社会人になって出会いがないと嘆く人は、職場が男性かもしくは女性ばかりということはないでしょうか。このうち、女性ばかりの職場だと、女性は恋愛に興味がなくなっていくようです。

### ◎ キャリア志向になる

働いているのが女性ばかりで、ほとんど男性がいない、という職場がありますね。

こういう職場で働く女性は、どうしても男性と知り合う接点が少なくなりがちで、婚期が遅くなります。そのため、キャリア志向になって、「結婚はしなくてもいい」と感じるようになります。

まわりに男性がいないと、「もう結婚なんてどうでもいいや。仕事だけ頑張ろう」という気持ちになるのかもしれません。

実際にこれを裏づけるデータもあります。

テキサス大学のクリスティーナ・デュランテは、男性の比率が少ない州では、女性はよりパートナーを見つけるのが困難になるので、キャリア志向になり、家庭を持ちたくなくなるのではないかと考えました。

この仮説を検証するため、デュランテはまず、50の州とワシントンDCを加えた全土の国勢調査を調べてみました。15歳から44歳までの未婚の男女の比率を出してみたのです。

さらにデュランテは、米国労働省の統計も調べてみて、10の高給の仕事（医者や弁護士など）を志向する女性も調べてみました。

その結果、男性が少ない州ほど、女性がキャリア志向になりやすい、という明確な傾向が確認されたのです。

自分の周囲に男性が少ないと、女性は、どんどん結婚する気がなくなるようです。つまり、恋愛なんてどうでもいいから、自分のキャリアを伸ばそう、という気持ちが強くなるみたいなのです。

### ◎ 男性なんてどうでもよくなる？

そういえば、女子高や、女子大の学生ほど、あまり男性に対する興味がなくなっていく、という話を知り合いの女性から聞いたことがあります。

女性ばかりで一緒にいると、私などは、かえって男性に興味を持つようになるのではないかと思っていたのですけれども、実際には、そんなことにはならないようなのです。「べつに男なんていたっていなくたって、どうでもいい」という気持ちになるみたいです。

男性の場合は、男性ばかりで集まっていると、「女性がほしい」と思うようになるのが一般的だと思うのですが、女性はその反対になるようですね。

　ですから、「彼氏なんてほしくない」と公言する女性は、ひょっとすると女子高、女子大と進学したせいでそのように思うようになったのか、あるいは現在の職場が女性ばかり、ということが考えられます。

　女性は、まわりに男性のいないところで暮らしていると、「もう恋愛はいいや」と思うようになります。諦めの心からそう思うようになるのか、そのあたりの微妙な心理メカニズムはよくわかりませんが、男性と違うことははっきりしているようです。

## 女は、女だけで楽しめる。

# 男と女の心理学

# 58 女性がいつも連れだって食事をするのはなぜ？

> ランチの時間になると、女性は連れだって食事に行く光景がよく見られます。一方で男性はわりと1人で食事をしている姿が多いようです。心理的な違いがあるのでしょうか。

## ◎ 男性にとっての食事、女性にとっての食事

　男性は、1人きりで食事をすることに何の抵抗も感じないものです。「だれかと一緒じゃなきゃイヤだ」という気持ちを、特に持っていないのです。だれかがいれば別にその人と一緒に食事をしてもかまいませんが、1人だからといって特にイヤだ、ということでもないのです。自分の好きなものを食べることができれば、それだけで男性は十分に満足できるのでしょう。

　ところが、女性はそうではありません。

　女性にとって、食事とは、「単なる栄養を摂取する行為」というよりは、むしろ**他の人とおしゃべりするという「社交的な行為」**です。そのため、1人きりでの食事は、あまりしたくないと考えているのです。

## ◎ 食事は社交的な行為

　ウェスタン・イリノイ大学のジーン・スミスは、大学のラウンジに入ってきた2987名の学生を分析してみたことがあります。

　その結果、女性の71.3％は、他のだれかと一緒にやってきま

した。食事をするのならだれかと一緒がいい、というわけです。男性では、一緒に連れだってやってくるのは63.2％と女性よりも少なかったのです。だれかと一緒に食事をしたいという気持ちは、男性よりも女性のほうが強いのです。

また、朝食、昼食、夕食で分けると、朝食は50.5％、昼食は57.9％、夕食は79.7％となっていました。「朝食は、まあ1人でもいいけど、夕飯はだれかと一緒がいいな」という気持ちになるようです。これは、男性でも女性でも変わりません。

## ◎ ランチメイト症候群

読者のみなさんは、「ランチメイト症候群」という言葉をご存知でしょうか。

精神科医の町沢静夫さんによって名づけられた言葉で、学校や職場で、**だれか一緒にランチを食べてくれる人がいないとイヤだ、という心理的な葛藤**を指します。食事を一緒にしてくれる人(ランチメイト)がいないことを苦にして、登校拒否になったり、会社を辞めてしまったりする人もいるそうです。

このランチメイト症候群なのですが、女性のほうが多いといわれています。

男性は、もともと1人で食事をするのにそんなに抵抗がありませんが、女性は一緒に食べてくれる人がいないと、ものすごく寂しさを感じるのです。

ランチメイト症候群で本気で悩んでいる女性は多いのですが、男性にはいまいちこの心理がわかりません。「えっ、なんでそん

なくだらない理由で出社恐怖になったりするの?」と思うかもしれませんが、そもそも女性にとっては、食事がものすごく大事な社交の場だからです。男性のように、**「とりあえずお腹いっぱい食べられれば、それだけで幸せ」**というような単純な話ではないのです。

ですから、もし1人きりでランチを食べようとしている女性を見かけたら、「○○さん、一緒に食べに行きませんか。僕も1人なんですよ」と声をかけてあげるといいかもしれません。

女性にとっては、そうやって食事に誘ってもらえることが、とても嬉しいことなのです。男性は1人でも何とも思わず食事ができるかもしれませんが、女性は少し違う感覚だからです。

> ## 女はランチメイト症候群の人が少なくない。
> 
> #男と女の心理学

### 食事をするということは…

栄養補給?

コミュニケーション?

# 59 新人の女性は7割がお酒を強要される？

> 一番下っ端の人間が、一番キツイ思いをするのは、男性もそうなのですが、さらに輪をかけてキツイのが女性だというデータがあります。どんなことに注意したらいいのでしょうか。

### ◎ 女性は飲み会に注意

女性は飲み会に注意してください。なぜかというと、とにかく「もっと飲みなさい、もっと飲みなさい」とお酒を強要されることがしばしばあるからです。社会人になれば、お酒の席はどうしてもついてまわりますが、上手にかわすテクニックをなるべく早く身につけなければなりません。

コネチカット大学のジェリー・カラムは、523名の大学生について、お酒の飲み方を1年生から4年生になるまで追跡調査したことがあります。

男子学生は、仲間たちや先輩から「飲め」と強要される確率が1年生でも4年生でもそんなに変わりませんでした。だいたい50％くらいです。

ところが女子学生では、学年によって差が開きました。4年生が「飲め」と強要されるのは55％と男子学生と変わりませんでしたが、1年生のときは69％と高かったのです。だいたい**飲み会に10回参加したら、そのうちの7回ではお酒を強要される**

のですから、かなりの高確率ということになります。

### ◎ 割り切って対策を
なぜ、学年が一番下の、一番弱い立場の女性が強要されやすいのかというと、社会というのはそもそもそういう構図になっているからです。だいたい、**イヤな目に遭ったりイジメられたりするのは、弱い立場の人間と相場が決まっています。**

女性の、特に新入社員の人は、とにかくお酒を強要されるものだと割り切って、それについての対抗策をあらかじめ考えておきましょう。

たとえばトイレに行くふりをしてこっそりと席を立ち、お店の人をつかまえて、「次から私はジントニックを注文しますが、ほとんどトニックで作ってください」と頼んでおくのです。

あるいは焼酎を頼んで、とにかく水や氷を入れまくって、自分にはものすごく薄い水割りを作るのもいいでしょう。女性は、そうやって自衛手段を講じるしかありません。

キツイのは、おそらく最初の数年間だけです。そのうち女性もそんなにお酒を強要されなくなりますから、そこまでは上手にかわしながら乗り切ってください。世の中はまったくもって不公平ですが、そこをなんとか我慢しましょう。

### ◎ 嘘も方便
もともと日本人には、男性でも女性でも、お酒に弱い人のほう

が多いと思われるので、上手なかわし方は、だれにとっても必要でしょう。

　かくいう私も、お酒を飲まされる機会がけっこう多いので、そんなときには上手にごまかすようにしています。最近では、「ドクターストップがかかったので」というウソをつくのがいいことに気づきました。「嘘も方便」といいますから、こういうウソはどんどんついてもいいのではないでしょうか。

[　　　強要されたときは上手にウソをつこう。　　　]

# 男と女の心理学

# 60 上司は男性よりも女性のほうがむいている？

女性の社会進出がいわれて久しいですが、「上司」といえば男性がなるもの、というのが多くの組織の実態ではないでしょうか。でも、男性はあまり上司にはむいていない可能性があります。

## ◎ 女性の上には「グラス・シーリング」

多くの企業や組織においては、いまだに、男性は順調に出世していくのに、女性はなかなか出世できないという現状があります。女性は、見えないガラスの天井にぶつかって上にあがれないようになっているのです。これを、**「グラス・シーリング」**（ガラスの天井）といいます。

そのため、上司には、どうしても男性が多くなります。最近では、女性の上司も増えてきているとはいえ、まだまだ上司は男性のケースが圧倒的に多いでしょう。

けれども、上司の資質として考えてみた場合、本当は男性の上司よりも、女性の上司のほうがいいのではないかと思われるのです。

## ◎ 女性のほうがむいている？

カナダのオンタリオ州にあるヨーク大学のロナルド・バークは、男性の上司と女性の上司についての比較研究を行って、男性の上司には次のような特徴があることがわかりました。

> **男性上司の傾向**
> ○ 年齢が高い傾向がある　　○ あまりコミュニケーションしない
> ○ あまり指導をしてくれない　○ あまりサポートしてくれない
> ○ あまり相談に乗ってくれない　○ あまり友好的ではない

　女性の上司は、この反対の特徴があります。つまり、上司としては女性のほうがずっとよさそうに思えるのです。
　一般的に男性の上司は、そもそもあまり指導にも熱心ではありませんし、相談にも乗ってくれない傾向があります。どうしてこれで上司が務まるのでしょうか。
　もし私が、「男性の上司と女性の上司のどちらに指導してもらいたいですか?」と選択できるなら、迷わずに女性の上司に指導してもらいたいと答えるでしょう。男性より懇切丁寧に、親切な指導をしてもらえる可能性が高いからです。
　もちろん、男性の上司に、厳しくガンガン指導してほしいという人もいらっしゃるでしょうし、そうやって伸びていく人も現実にはいるのでしょうが、少なくとも私は勘弁していただきたいですね。

## ◎ 女性の社会進出は歓迎すべきこと

　女性の社会進出に伴って、女性の上司はこれからもどんどん増えていくでしょうから、これは心理学的にいうと、いい傾向なのではないかと思えます。男性上司のように、ほったらかしにする

第7章 『職場と人付き合い』の心理学

こともなく、きちんと指導してくれるのではと期待できるからです。

さすがに「女性の上司はイヤだ」と時代錯誤なことを言う人は減っているように思うのですが、上司が女性だった場合には、むしろ運のよさに感謝したほうがいいくらいと思えるのです。

> 女のほうが面倒見がよく、上司にむいている。
> # 男と女の心理学

# 61 男性はなぜ肘掛け付きのイスを好むの？

> 飛行機や新幹線などで男性と女性が並んで座るとき、肘掛けを使うのは男性であることが圧倒的に多いことがわかっています。いったいなぜなのでしょうか。

### ◎ 人はだれしも「縄張り」を持っている

私たちは、だれでも目に見えない縄張りを持っています。これを**「パーソナル・スペース」（個人空間）**と呼びます。

私たちはある一定の距離まで近づかれると、つまり、**自分の縄張りの中にだれかが侵入しようとしてくると、緊張したり、不快感を覚えたりする**のです。

さて、パーソナル・スペースはだれにでもあるのですが、男女で比べると、特に男性に強く見られます。これは動物のオスについてもいえることですが、人間も男性のほうが、縄張り意識は強いのです。

たとえば、飛行機や新幹線などには、２つの座席の真ん中に肘掛けがありますよね。あれをどちらに座った人間が使うか、取り合いのようになることも珍しくありません。それもこれも、**「できるだけ自分の縄張りを広げたい」という意識のあらわれ**です。

男性と女性が隣り合って座る場合、たいていは「男性」が肘掛けを使います。それも、縄張り意識の強さからくることです。

## ◎ 縄張り意識は若い男性に顕著

米国ニューヨークにあるセント・ボナベンチャー大学のドロシー・ハイは、832名の飛行機の乗客のうち、男性と女性が隣り合うという組み合わせを観察してみたことがあります。すると、67％のケースでは男性が肘掛けを使いました。一方、女性が使っていたのはわずかに13％にすぎませんでした。残りは、どちらも使いませんでした。

「男性のほうが、女性よりもそもそも身体が大きいから肘掛けを使うのでは？」と思った読者がいるかもしれません。ハイもそう考えました。

そこで身体の大きさが影響しないように背格好が同じような組み合わせだけを抜き出して分析してみたのですが、それでもやっぱり男性のほうが頻繁に使うことがわかったのです。

ただ、ここには年齢の影響もあって、40歳以下の男性の92％が、肘掛けをとられるとイライラする、ということもわかりました。40歳以上の男性では48％しかイライラしませんでした。

ここから考えると、**比較的若い男性のほうが、年配の男性より縄張り意識が強く、他の人が入ってくることに耐えられない**ようです。ある程度の年齢になると、細かいことはどうでもよくなってしまうのかもしれませんね。

## ◎ 近づきすぎにはご用心

女性より男性のほうが、しかも特に若い男性ほど縄張り意識が強いということを知っておくと、いろいろな危険を事前に避ける

ことができます。

　たとえば、若い男性に近づいて歩いていると、思わぬ因縁や難癖をつけられて、ケンカを売られるということは可能性として十分に考えられます。また、満員電車の中で小競り合いが起きることも、同様の理由からわりとよくあることです。逆にいうと、彼らの縄張りに入り込まないよう、離れたところを歩いたりすれば危険は極力避けられる、と考えることができます。

　このように、若い男性は縄張り意識が強いことがあるので気をつけるよう心がけるとよいでしょう。

[ 若い男のパーソナル・スペースに注意しよう。 ]

＃男と女の心理学

第7章 『職場と人付き合い』の心理学

# 62 年輩の男性ほど近づきにくいのはなぜ？

> 男性は、女性に比べて圧倒的に笑顔が少ないのが特徴です。それも年齢を重ねるごとに、その度合いが顕著になっていくようです。年輩の男性ほど気軽に声をかけにくいのもそのためです。

### ◎ 不機嫌そうな殿方、ニコニコな奥様

　私は、年配の経営者ばかりが集まるようなセミナーや講演会があまり好きではありません。なぜかというと、年配の男性は、ほとんど笑ってくれないからです。どんなに面白いことを言っても、最初から最後までずっと不機嫌そうな顔をしているので、やりにくくてしかたないのです。

　その点、奥様方が集まるようなセミナーは、とてもやりやすいです。とにかく、ずっとニコニコしてくれているので、講師としても話しやすく、とても楽しい時間を過ごすことができます。

　男性は、若い頃はまだしも、年を重ねるごとにどんどん不愛想になっていくようです。

### ◎ 一貫して笑わない成人男性

　米国ミシガン州にあるグランド・バレー州立大学のタイラー・ワンダーゲムは、ミシガン州の17の学校（幼稚園から高校まで）のイヤーブックを借りて、1万8201名の顔写真を調べてみました。

すると、小学校3年生くらいまでは、男の子も女の子もどちらも微笑んでいました。ところが中学3年生から高校1年生くらいになると、男の子は笑わなくなることが判明したのです。

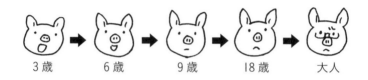

　同じような研究は、アイダホ大学のマーク・デサンティスも行っています。
　デサンティスは、新聞と雑誌に載せられた男女の写真を分析してみました。子どもの男女1639枚、10代の男女200枚、成人した男女の写真200枚です。
　デサンティスは、笑顔を3段階に分け、「フルスマイル」(口が開いている笑顔)、「部分的スマイル」(口は閉じているが、口角は上がっている)、「笑顔なし」の3分類をしてみました。
　すると、子どもの写真では男女差はなかったのに、成人になると女性は「フルスマイル」で写真に載っているのに、男性は「笑顔なし」が圧倒的に多いことが判明しました。

### ◎ 笑顔のほうが魅力度はUPする
　このように、とにかく男性は笑いません。不愛想なのが、男性

第7章 『職場と人付き合い』の心理学

の特徴です。笑顔を見せれば、もっと、もっと魅力的に見えるはずなのに、なぜか男性はそうしないのです。わざわざ自分の印象を悪くするような、あるいは魅力をおとしめるようなことをしているのですから、こんなにおかしなことはありません。

私は、**「男性でも、女性でも、笑っているほうが魅力的に見てもらえる」**ということを心理学を勉強してわかっているので、人に会うときには、それこそずっと微笑むようにしています。

微笑んでいるだけで
好印象を与えることができる

やさしそう
安心感
話しかけやすい

もしかしたら、「男は、そんなに笑うもんじゃない」と考える人もいらっしゃるかもしれません。でも、不機嫌そうな顔をしていたら、だれも近寄ってこなくなってしまいます。

いつでも陽気に、ニコニコと愛想を振りまいたほうが、仕事でも恋愛でも絶対にトクをしますので、ぜひ心がけてください。

[ 愛想を振りまくだけで好印象。 ]

# 男と女の心理学

# 63 "共通の困難"は人との絆を強くする？

> 近年は自然災害が毎年のように発生していますが、その度に被災者の人が感じているのが「人の善意のありがたみ」といわれます。平時にはない「絆が深まる機会」になっています。

## ◎ 善意や親切のありがたみ

都会の人間は、一般に冷たいといわれています。

しかし、大雪が降って都市機能がマヒしたりすると、普段は冷たいはずの人たちが、いきなり善意にあふれた行動をとり始めることがあります。

たとえば、雪でスタックした車を、お互いに面識のない歩行者たちが押して出してあげようとしたり、困っている人には率先して声をかけあったりするのです。

自然災害もそうで、災害があることはまことに悲惨なことですが、**災害が起きたからこそ他人からの善意や親切に感謝できる**ということはあるかもしれません。

戦争も例外ではありません。戦争という極限状態においては、経験した人でしかわからないような苦しみがあったはずです。にもかかわらず、年配の戦争経験者の人たちの中には、懐かしそうに戦争体験を語ってくれるおじいちゃんやおばあちゃんたちがいます。しかも、けっこう多いのです。「あの頃はホントに貧しかったけど、お隣さんがお米を分けてくれて……」といった話を笑

顔で話してくれることもあります。

お年寄りの戦争経験者の中には、「同じ釜の飯を食った仲間」たちに、家族以上の心のつながりを感じている人が少なくありません。軍隊の生活はきわめてキツかったでしょうが、だからこそ平時には考えられないほど、お互いの絆が深まったとも考えられます。

### ◎ テロ後の離婚率が低下

アメリカでは、離婚率が50％といわれています。結婚した二組のうち、一組の夫婦は離婚してしまうのです。

けれども、そんなアメリカにおいても、2001年の9月11日にテロが起きたときには、不思議なことにその後の離婚は減りました。

ルイジアナ州立大学のトーニャ・ハンセルが、ニューヨーク州の62の郡すべての離婚統計を調べてみたところ、テロ直後の02年以降の離婚は、テロが起きる前に比べて25％も減っていたのです。03年から05年までの3年間では、37.5％も減っていました。

テロは、決して許される行為ではありません。

しかし、テロが起きたからこそ、ニューヨーク市民たちはお互いのパートナーの大切さを身に染みて感じるようになり、それによって夫婦の結びつきがしっかりと強化されたのではないか、と考えることができるのです。

## ◎ 心理的な満足度を高くする逆説

世の中が平和で、何の問題もないというのは、喜ばしいことなのですが、そういうときには、私たちは別にだれの手も借りずとも生きていけるので、自分を支えてくれる人のありがたみをなかなか感じることができません。

その点、**いろいろな問題が起きたときのほうが、人間の絆はしっかりと強化される**ので、いろいろと不便なことはあるかもしれませんが、心理的には満足度も高くなるのではないかと考えられるのです。

> "共通の困難"こそが互いの絆を深くする。
>
> ＃男と女の心理学

# 第8章
# 『経済とジェンダー』
# の心理学

# 64 景気によって男性の好みは変化する？

> 人の好みは人それぞれ、と思うかもしれません。しかし、私たちの好みは、社会のさまざまな影響を受けて変化しています。その要因のひとつが「景気」です。

### ◎ 異性に対する好みは変化する？

「僕は、どちらかというと男っぽい女性に憧れるなあ」

「俺は、逆に女性らしい女性のほうが好みかな」

男性同士で会話をするときには、"女性に対する好み"が話題になることがよくあります。やれ胸は大きいほうがいいとか、小さいほうがいいとか、お尻も大きいほうがいいとか、小さいほうがいいとか。男性はそういう話が大好きですからね。

けれども、そういう好みというものは、一生涯変わらないものなのかというと、そんなこともありません。さまざまな要因の影響を受けて、女性に対する好みも変わることがあるようなのです。

そのような指摘を行っているのが米国ペンシルバニア州にあるマーシーハースト・カレッジのテリー・ペティジョーンです。彼は、男性の好みが、その時代の経済状況に左右されるのではないかという仮説を立てました。

## ◎ 景気と好みの関係

経済が厳しいときには、男性も将来に対してどうしても不安を感じやすくなります。「自分は大丈夫なんだろうか」「仕事もクビにならないだろうか」という不安でビクビクしています。

そのため、景気が悪いときには、女性に甘えたくなりますし、**頼りがいのある女性**を求めるでしょう。たくましい女性に依存したくなるのです。

逆に、好景気のときにはそういう不安がまったくないので、できるだけ**魅力的な女性**のほうが好ましいと感じるはずです。

この仮説を検証するためペティジョーンは、1960年から2000年までのプレイボーイ誌で発表されている「プレイメイト・オブ・ザ・イヤー」に選ばれたその年一番の女性の特徴と、その年の経済状況の関連性を調べてみました。

するとまさに仮説通りで、アメリカ経済がふるわないときには、**大柄な女性**が好まれました。さらに、目は小さめ、胸も小さめ、やや年上の姉御肌、という特徴があったのです。男っぽいというか、たくましいというか、そういう女の子のほうがモテていたのです。

逆に、アメリカ経済が好景気のときには、**小さくてかわいらしい女性**がモテていました。背が低く、目が大きく、胸は大きい、というまさに「女の子っぽい女の子」が選ばれていました。年齢でいうと、若い女の子に人気が集まりました。

## ◎ 経済予測も不可能ではない？

この結果からわかる通り、男性の女性に対する好みというものは、経済状況によっても影響を受けているのです。

これはまったくの私の仮説なのですが、男性の女性に対する好みをたくさん調べていけば、これからの経済の先行きまで予想できるかもしれないと思っています。経済が次第に不況にむかっていくようなときには頼りがいのありそうな女性が好まれるでしょうし、経済が好調にむかっているのなら、女の子らしい女性が選ばれる、というわけです。

経済予測ができるのは経済学者だけではなく、心理学者にだってできるかもしれないのです。

> 人の好みは「景況感」によって変動する。

＃男と女の心理学

**好景気**

小さくてかわいらしい
女性がモテる

**不景気**

大柄でしっかりした
女性がモテる

## 65 景気が悪くなると女性の消費が爆発的に増える？

> 景気が悪くなると普通はモノが売れなくなりますが、女性の消費分野は実は盛り上がります。それは景気が悪いときほど、男性に対するアピールに力が入るからと考えられています。

### ◎ 景気が悪いと「いい男」にアピールしだす？

　景気が悪くなると、基本的には、モノがさっぱり売れなくなりますよね。「景気が悪い」のですから、それが当たり前のことでしょう。

　ところが不思議なことに、「あるカテゴリーの商品」だけは、経済が悪くなったときのほうが好調に売れるようになるのです。

　その商品カテゴリーとは、化粧品やアクセサリー、洋服などです。ようするに、**「女性を美しく見せるための商品」は、景気が悪くなったほうが、爆発的に売れるようになる**のです。

　テキサス・クリスチャン大学のサラ・ヒルは、景気が悪くなると、仕事を見つけるのが非常に困難になるので、女性はいい男をつかまえて玉の輿に乗ろうとするのではないか、という面白い仮説を思いつきました。

　景気がいいときには、男性にも、女性にも、仕事はいくらでもあります。ところが、景気が厳しくなってくると、男性には仕事が見つけられても、女性には仕事が見つけにくくなっていきます。

仕事を見つけにくくなった女性がどうするかというと、経済的な安定を求めて、とにかくいい男をつかまえようとするのではないでしょうか。お金持ちの男をつかまえてしまえば、一発逆転できて人生の勝ち組になれますからね。
　では、いい男をつかまえるためにはどうするかというと、自分を魅力的に見せなければなりません。そのため、化粧品やアクセサリー、ファッション商品にお金をかけるようになるのです。だから景気は悪くとも、この商品カテゴリーだけは売れるようになるというわけです。

## ◎ コスメ商品は絶好調に

　ヒルが考えた仮説はだいたいこんなところですが、本当にそうなるのでしょうか。
　ヒルは、米国の労働統計によって1992年1月から2011年4月までの失業率を調べました。失業率は、景気の良し悪しを測るためのよい指標だと思われたからです。また、消費指標として、家具、電気製品、レジャー商品、コスメ関連商品（化粧品、アクセサリー、洋服）の売れ行きも調べました。
　その結果、景気が悪くなると、コスメ関連商品以外は、見事なまでに売れなくなりました。特に売れなくなるのが家具でした。「不景気になったら、モノが売れない」という傾向がきれいに確認されたのです。
　ところが、コスメ関連商品はどうだったのかというと、景気が悪いときほど絶好調だったのです。まさにヒルが考えた通りでし

第8章 『経済とジェンダー』の心理学

た。

このように、**街を歩く女性が、ずいぶんと服装や化粧にお金をかけているように見えるのなら、実は、景気が悪くなる予兆なのかもしれません。** もちろん、これは推測にすぎませんが、ヒルの研究からすると、そのような可能性は十分に考えられるわけです。

ですからぜひみなさんも、街を歩く際には女性の身なりに注目してみると面白いかもしれません。

[ 女のアピールは不況のときに絶頂する。 ]

# 男と女の心理学

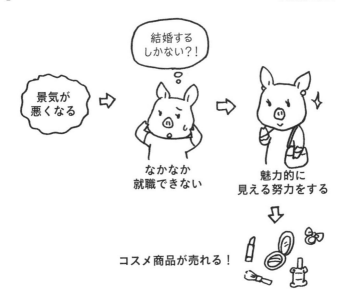

## 66 男性の好みが豊かな国と貧しい国で違うのはなぜ？

> その国の豊かさによって、ぽっちゃりの女性が好まれるか、スレンダーな女性が好まれるか、違いがあるのをご存知でしょうか。日本は豊かですので、スレンダーな女性が好まれます。

### ◎ ぽっちゃりな人は貧しい国でよくモテる？

　第3章の27で、お腹がすいているとなぜか男性はぽっちゃりの女性を好むようになる、というお話をしました。

　不思議なことなのですが、同じ現象は、「お金がないとき」にも起きるようです。

　ニューヨーク大学のリーフ・ネルソンは、キャンパス内にいる男子大学生に声をかけ、「今、財布の中にどれくらいお金が入っているのか見せてもらえませんか？」とお願いしました。いきなりお願いされた学生は、びっくりしたかもしれません。

　次にネルソンは、「デートの相手を選んでほしいのですが」と重ねてお願いし、どれくらいの体重の女性を好むかも教えてもらったのです。

　すると、お金をあまり持っていない男性ほど、ぽっちゃりの女性を選ぶことがわかりました。

　そもそもネルソンは、なぜこのような研究を行ってみたのでしょうか。

世界にはさまざまな国がありますが、**貧しい国では、なぜか肥満の女性がモテる傾向があり、豊かな国では、スレンダーな女性がモテます。**生活するのが大変な社会であればあるほど、ぽっちゃりした女性が魅力的だと評価されるのです。

同じことはアメリカ社会においても見られるのではないか、というのがそもそものネルソンの仮説でした。

お金が乏しく、生活に困っているような人は、たとえアメリカに住んでいても、貧しい国の男性と同じような心理状態になりやすく、それゆえぽっちゃりの女性を好むはずだ、とネルソンは考えて検証してみたわけです。

**貧乏な男性ほど、ぽっちゃりの女性を好む！？**

## ◎ ぽっちゃりしている女性のほうが安心？

実際に確認してみると、まさにその通りの結果が得られました。

生活していくだけでも大変な思いをしている人は、女性に対して、美しさであるとか、そういうものはあまり求めなくなるようです。

むしろ、ぽっちゃりしている女性のほうが、一緒にいて安心で

きるのではないでしょうか。ぽっちゃりの女性のほうが、自分を甘えさせてくれそうなイメージもあります。

ともあれ、日本の大半の女性は、「とにかくやせなきゃダメだ」と思い込んでいるようですが、それは誤った考えだと言わざるを得ません。

**やせているほうが美しいというのは、あくまでもごく限られた時代や社会で通用する考え**であって、「ぽっちゃりのほうがよほどステキ」と考える男性も、世の中にはいくらでもいるということを認識しておきましょう。

[ 「スリムな女が美しい」は限定的な価値観。 ]

# 男と女の心理学

# 67 "男女不平等"こそがモテる秘訣?

> 私たちの人間としての好みや価値観は、いくら時代が変わってもそうそう変化するものではありません。それは男女関係においても同じで、男らしさ、女らしさが今でも求められています。

## ◎「らしさ」が大事?

「女性が強くなった」とはいっても、恋愛においては、いまだに女性は保守的なほうが、男性からのウケはよくなります。

男性もそうで、できれば伝統的な、男らしい男性を演じたほうが、女性とデートするときにはうまくいくでしょう。

社会が変化するスピードほどには、男女の価値観というものはすぐには変わらないようです。昨今は社会の情報化や田舎の近代化などがどんどん進んでいますが、人間の価値観は非常にゆっくりとしたスピードでしか変わらないというわけです。

フロリダ国際大学のエイジア・イートンは、ベストセラーのデート本と、「セックス・ロールズ」という専門誌に発表された過去35年間のデートの分析を行ってみたことがあります。

社会は、男女平等の方向にどんどん変わっていますが、デートでも平等化が見られるのかどうかを確認してみたわけです。

ところが、分析してみると、**男女の平等化はまったく進行していませんでした。**

女性は受け身なほうが男性に好まれますし、デートの誘いはたいてい男性からだったのです。結果は男女の伝統的な価値観どおりでした。
　「男女平等の世の中なんだから、女性からだってアプローチしてもかまわない」と思われるかもしれませんが、少なくともベストセラーのデート本では、「男が声をかけてくるのを待ったほうがいい」とアドバイスされていたりするのです。それが最新のデート本にも書かれていたりするのですから、あいかわらずデートにおいては男女の伝統的な価値観は変わっていない、ということになります。
　**デートを成功させる秘訣は、伝統的な役割を演じること。**
　価値観が変わっていないのですから、そのほうが好ましいと評価されるでしょう。

### ◎ 男女で違う、好まれる振る舞い方

　男性は極端な話、女性に相談などしなくてもいいので、自分でデートコースを決めてください。「ねえ、どこに行きたい？」などといちいち質問して決めるより、**「〇〇に行こうよ」と積極的に振る舞ったほうが、女性からのウケはよくなる**でしょう。頼りがいのある男性に見えるからです。

　女性は女性で、できるだけ従順な女性を演じてみましょう。本当はそういう性格ではないのだとしても、そういう女性を演じたほうが男性には好かれるからです。

第8章 『経済とジェンダー』の心理学

　たとえばお弁当を手作りしてあげて、「料理上手」のアピールをすると、男性からは絶対に悪い評価は受けません。**男性は、家庭的な女性が大好き**なのです。昔も今も、そういうところはなかなか変わらないのですね。

　私は、古本を読むのが好きなので、何十年も前に書かれた恋愛本を読むことがありますが、そこに書かれている内容は、現代の恋愛本とほとんど変わらないことが多くて驚きます。男女の価値観は、そう簡単には変わらないというわけです。

[ 今も昔も「男らしさ」「女らしさ」を欲している。 ]

＃男と女の心理学

227

## 68 「女性は美しくあるべき」という暗黙のルールがある?

> 「女性はいつでも美しく見せなければならない」といった、暗黙の社会規範があります。こうした「らしさ」をより強く求められる職場があります。

◎ **美しくあらねばならない?**

「女性は、いつでも美しくなければならない」という社会規範があります。

社会規範というのは、きちんと明文化された法律ではないのですが、**それを守らないと社会的な制裁を受けたり、仲間外れにされたりするルール**のことです。

「ゴミをみだりに捨ててはいけない」とか「お年寄りには親切にしなければならない」というのも、社会規範です。

世の中には、このような目に見えない社会規範がたくさんあるのですが、女性には、「いつでも美しくなければならない」という社会規範があるわけです。

さて、**女性はいつでも美しく見せなければならない**、という目に見えないルールがあるため、化粧をしたり、服装に気を配ったりしなければならないわけですが、さらにその社会規範が強調される職場があります。それは、ファッション関係の職場です。

ファッション関係で働く女性は、さらに厳しく「女らしくあらねばならない」という規範にさらされていると指摘するのは、カ

ナダにあるウィンザー大学のレスリー・ワデル＝クラルです。

### ◎「らしさ」をより強く求められる職場
ワデル＝クラルは、ファッション関係で働く女性と、普通の女子大学生についての比較を行ってみました。どちらのグループも、年齢や独身であることなどはほとんど同じです。

普通の女子大学生も、やはり女性ですので、ダイエットには興味関心がありました。しかし、ファッション関係の女性は、それ以上に強い興味を持っていたのです。ダイエットを実践している人も多くいました。「より女らしくあらねばならない」という気持ちが強いためです。

また、ファッション関係で働く女性は、自分の身体についての不満も強く持っていました。実際には、すでにスリムなのに、さらに脚を細くしなければならない、腰も細くしなければならない、メイクにもこだわらなければならない、といった不満をたくさん持っていたのです。それもやはり、女らしさが強調される職場で働いているからと考えられます。

女性は、「美しくなければならない」というストレスを感じて生きていかなければならないのに、さらに職場によっては厳しいストレスにさらされていることになります。なかなか大変そうですね。

### ◎ 男らしくあらねばならない？
もちろん、男性は男性で、「男らしくなければならない」とい

う社会規範がありますし、そういう社会規範が強調される職場もあります。

たとえば、消防士や警察官です。そういう職業の男性は、「男は勇敢でなければならない」「危険な状況でも、男らしく飛び込んでいかなければならない」という目に見えない社会規範が強く働くことが考えられます。そのため、普通の男性以上に男らしいところを見せなければならない、というプレッシャーやストレスも高いことでしょう。

「男らしさ」にしても「女らしさ」にしても、「らしさ」を身につけるにはかなりの努力が必要になります。しかし、そういう努力をすることで、人として磨かれていき、魅力が高まっていく側面もある、ということもできます。こうした社会規範とは上手に付き合っていくようにしたいですね。

[ 「らしさ」を磨くと人間も磨かれる。 ]

# 男と女の心理学

# 69 「女性は受け身」はただの思い込み?

> 一般的に、女性は受け身であることが多いでしょう。女性は「自分の人生はコントロールできない」と考えている人が多いのですが、そうした意識は変えていくことが可能です。

## ◎ 自分の人生は思い通りに切り開ける?

自分の行動は自分で選択することができる。あるいは、自分の人生は自分の努力でいくらでも思い通りに切り開いていけるはず。こんな風に考えることを、心理学では**「コントロール感」**と呼んでいます。

男性は女性に比べて、この「コントロール感」を強く持っている人が多いことがわかっています。

一方、女性のコントロール感は比較的弱いのですが、女性だって、男性と同じように自分のことは自分でコントロールできると思えるようになれば、恋愛においても、もっと積極的になれるのではないかと思います。

## ◎「コントロール感」はコントロールできる?

カナダにあるワーテルロー大学のジェニファー・マグレガーは、女性が受け身なのは、自分の人生は自分でコントロールできないと考えていることがそもそもの原因であろうと考えました。

そこでまずマグレガーは、98名の女子大学生を半分のグルー

プに分けて、片方のグループではコントロール感を高めるために、「自分が努力して成果を挙げたエピソード」を意識するように求めました。

具体的には、「頑張って勉強して試験でよい成績をとったこと」や、「必死に練習してテニスの試合に勝ったこと」などのエッセイを書くように求めたのです。エッセイを書くうちに、このグループの女性は、「私だって、自分の人生は、自分で切り開けるんじゃないかしら。実際に、そういうエピソードはいくらでも思いつくんだから」と感じるようになりました。

残りの半数の女性は、そういうエッセイを書くことを求められませんでした。

次にマグレガーは、すべての女性に、「もしダンスパーティで素敵な人に出会ったら、どれくらい積極的にいくと思いますか？」と尋ね、1点から7点のあいだで点数をつけてもらいました。

1点は、相手が声をかけてくるのを待つという受け身な態度、7点は、自分からガンガン声をかけていくという積極的な態度です。

すると、事前にコントロール感を高めたグループの女性は、男性と同じように、パーティでも積極的にいく、という回答が多く見られました。

7点満点での測定では、コントロール感を高めたグループでは3.23、何もしなかったグループの女性は2.47と、はっきり差が出たのです。

第 8 章 『経済とジェンダー』の心理学

◎ **女性だって積極的になれる**

この実験からわかるとおり、普段から、「自分の人生は自分で切り開ける」「恋人ができるかどうかは自分の積極性次第」という意識を強く持つようにすれば、女性だって、男性と同じように積極的にいけるはず、ということです。

女性だからといって、恋愛に受け身になってしまうのかというと、必ずしもそんなこともありません。本人の意識次第では、積極的な女性に生まれ変わることもできるのです。

これを読んだみなさんがご自身のコントロール感を高めたいと思ったら、マグレガーの実験で行われたように、**自分の「成功エピソード」を何度も頭の中でくり返し思い出すようにする**ことがオススメです。

コントロール感を育もう。

# 男と女の心理学

### なんとなく乗っていたレールから解放

# 70 セックス産業で働く女性を同性の女性はどう見ている?

> キャバクラや風俗などのお店に行ったり、そこで働く(働いている人が身近にいる)といった経験はあるでしょうか。こうした職業で働く人にどのようなイメージを持っているでしょうか。

## ◎ セックス産業に対する偏見

アメリカでは、学費を得るために、セックス産業で働く女性が増えているという統計があります。てっとり早く、短時間で、割のいい仕事をしたいと思うと、セックス産業になるのでしょう。

私は日本でも同じような統計があるのかどうかは知りませんが、比較的稼ぎがよいキャバクラや風俗で働く女子大学生はそれなりにいるのではないかと思います。

アメリカの場合、学費は親に出してもらうものではなく、自分で払うのが普通ですから、そのぶん日本に比べるとセックス産業で働く女性は多いような気もします。

一般に、女性は、セックス産業で働く同性に対して、あまりよいイメージを持っていません。「なんだか汚らしいことをしている」と感じるのでしょう。

けれども、テキサス・クリスチャン大学のシェリー・ロングは、必ずしもそうではないのではないか、と考えました。

たとえば、自分の友達がセックス産業で働いていたりすれば、友達からいろいろ仕事の話も聞かされるでしょうし、そうすれば

あまり偏見も持たなくなるはずだ、と考えたのです。

ロングは、266名の女子大学生に、セックス産業で働く女性の印象を尋ねてみました。その一方で、あなたには、ダンサー、のぞき部屋、ポルノ女優として働いている女友達がいますか、とも尋ねてみました。

すると、自分の知り合いがそういうセックス産業で働いていると、セックス産業で働く女性に対しても、偏見をあまり持っていないことがわかりました。そういう仕事をしている女友達がいない女性だけが、セックス産業で働く女性を悪く評価したのです。

### ◎「職業に貴賤はない」とはいえ

「職業に貴賤はない」といわれます。けれども、実際には、あまりよくないイメージを持たれてしまう職業があります。セックス産業もそのひとつで、どことなく隠微な雰囲気が漂ってしまうのかもしれません。

けれども、自分の友達がそういう仕事をしていれば、あるいは本人がそういう仕事を体験してみれば、実は**そんなにおかしな仕事でもない**ということに気づくことができます。偏見を減らすこともできます。

男性でも、風俗遊びが好きな人ほど、「風俗で働くような女性は、人生の落伍者ばかり」などといった偏見を持っていません。風俗で女の子とおしゃべりしているうちに、**「この子も、普通の子なんだな」**ということに気づくことができるためでしょう。

逆に、あまり風俗遊びをしたことがない男性は、そういう仕事

をしている女性には、きわめて悪い偏見を抱いていたりします。

　私たちは、どうしても他人のことを色メガネをかけて見てしまうものですが、偏見を持って人を見ることはよくありません。どんな人とでも好き嫌いせずに付き合ってみると、相手のよさは見えてくるものですし、そうすると偏見も減らすことができるのです。

[ 人の魅力を"色メガネ"で曇らせてはいけない。 ]
＃男と女の心理学

# おわりに

　経済学の勉強をしても、必ずしも商売上手になれるとか、お金持ちになれるというわけではありません。政治学の勉強をしたからといって、立派な政治家になれるのかというと、そんな保証はどこにもありません。

　ところが、心理学という学問は、勉強すれば、どんな人にも役立ちます。しかも「今すぐに」です。それだけ私たちの日常生活に密着している学問が心理学なのです。それだけ実用性の高い学問だといえるでしょうか。

　本書を最後までお読みくださったみなさまには、男と女の心理には、今まで知らなかった法則やルールがあることがご理解いただけたと思います。

　「なるほど、女性にはこういう心理があるのか」ということがわかっていれば、たとえば、女性に対して思いやりを持った対応がとれるようになります。あるいは「なるほど、こうするともっと魅力的に見えるのか」という実践的なスキルもたくさんわかっていただけたのではないかと思います。

　私は 20 年以上も心理学という学問に携わってきましたが、今

でも「心理学って、どんな学問よりも面白いよなあ」と感じています。そんな気持ちを、読者のみなさまにも共感していただけるのではないかと思いまして、2018年に『図解　身近にあふれる「心理学」が3時間でわかる本』(明日香出版社)という本を上梓させていただきました。ありがたいことに、この本は多くの読者に好感を持って受け入れていただくことができました。

　本書は、「身近にあふれる心理学シリーズ」の続編にあたるものです。私たちにとって身近な存在であり、気になる存在でもあることといえば、異性に他なりません。ですので、今回は真正面から男女の心理についてわかりやすく論じてみました。
　恋愛についてのハウツー本はいくらでもあると思うのですが、恋愛のルールだけでなく、きちんとしたデータに基づいた心理学のお勉強までできてしまうという、「一粒で二度おいしい」ような本を執筆したつもりです。少しは楽しんでいただけましたでしょうか。

　さて、本書の執筆にあたっては、明日香出版社編集部の田中裕也さんにお世話になりました。この場を借りてお礼を申し上げます。
　「身近にあふれる心理学シリーズの続編をやりたいですよね」というお話は私たちのあいだで決まっていたのですが、さて、どんな心理学をやろうかとさんざん話し合った結果、「やはり"身近な"というところを重要視して、男女の心理をやりましょう」

と2人で決めたわけです。そのうち第三弾があるかもしれません。ないかもしれません（笑）。

　最後までお付き合いいただいた読者のみなさまにもお礼を申し上げます。

　本書をきっかけにして、心理学という学問に興味を持っていただき、「これからも心理学の勉強をしてみよう」と思っていただけたのだとしたら、筆者として望外の幸せです。

　本当にありがとうございました。またどこかでお目にかかりましょう。

2018年11月<br>
内藤誼人

# 参考文献

Ackerman, J. M., Griskevisius, V., & Li, N. P. 2011 Let's get serious: Communicating commitment in romantic relationships. Journal of Personality and Social Psychology ,100, 1079-1094.

Beck, S. B., Ward-Hull, C. I., & McLear, P. M. 1976 Variables related to women's somatic preferences of the male and female body. Journal of Personality and Social Psychology ,34, 1200-1210.

Berry, D. S. 1990 Vocal attractiveness and vocal babyishness: Effects on stranger, self, and friend impressions. Journal of Nonverbal Behavior ,14, 141-153.

Bleske-Rechek, A., Somers, E., Micke, C., Erickson, L., Matteson, L., Stocco, C., Schumacher, B., & Ritchie, L. 2012 Benefit or burden? Attraction in cross-sex friendship. Journal of Social Personal Relationships ,29, 569-596.

Bradshaw, S. D. 1998 I'll go if you will: Do shy persons utilize social surrogates? Journal of Social Personal Relationships ,15, 651-669.

Brown, R. P., Carvallo, M., & Imura, M. 2014 Naming patterns reveal cultural values: Patronyms, matronyms, and the U.S. culture of honor. Personality and Social Psychology Bulletin ,40, 250-262.

Burger, J. M., Messian, N., Patel, S., Prado, A. D., & Anderson, C. 2004 What a coincidence! The effects of incidental similarity on compliance. Personality and Social Psychology Bulletin ,30, 35-43.

Burgess, M., Enzle, M. E., & Morry, M. 2000 The social psychological power of photography: Can the image-freezing machine make something of nothing? European Journal of Social Psychology ,30, 613-630.

Burke, R. K., Mckeen, C. A., & McKenna, C. S. 1990 Sex differences and cross-sex effects on mentoring: Some preliminary data. Psychological Reports ,67, 1011-1023.

Burke, T. J., Randall, A. K., Corkery, S. A., Young, V. J., & Butler, E. A. 2012 "You're going to eat that?" Relationship processes and conflict among mixed-weight couples. Journal of Social Personal Relationships ,29, 1109-1130.

Callanan, V. J., & Davis, M. S. 2011 Gender and suicide method: Do women avoid facial disfiguration? Sex Roles ,65, 867-879.

Caspi, A., Elder, G. H.Jr., & Bem, D. J. 1987 Moving against the world:Life-course patterns of explosive children. Developmental Psychology ,23, 308-313.

Cohen, B., Waugh, G., & Place, K. 1989 At the movies: An unobstrusive study of arousal-attraction ,129, 691-693.

Conley, T. D. 2011 Perceive proposer personality characteristics and gender differences in acceptance of casual sex offers. Journal of Personality and Social Psychology ,100, 309-329.

Cullum, J., O'Grady, M., Armeli, S., & Tennen, H. 2012 Change and stability in active and passive social influence dynamics during natural drinking events: A longitudinal measurement-burst study. Journal of Social Clinical Psychology ,31, 51-80.

Desantis, M., Mohan, P. J., & Steinhorst, R. K. 2005 Smiling in photographs: Childhood similarities between sexes become differences constant in adulthood. Psychological Reports ,97, 651-665.

Drews, D. R., Allison, C. K., & Probst, J. R. 2000 Behavioral and self-concept differences in tattooed and nontattooed college students. Psychological Reports ,86, 475-481.

Drigotas, S. M., Rusbult, C. E., Wieselquist, J., & Whitton, S. W. 1999 Close partner as sculptor of the ideal self: Behavioral affirmation and the Michelangelo phenomenon. Journal of Personality and Social Psychology ,77, 293-323.

Durante, K. M., Griskevicius, V., Simpson, J. A., Cantu, S. M., & Tybur, J. M. 2012 Sex ratio and women's career choice: Does a scarcity of men lead women to choose briefcase over baby? Journal of Personality and Social Psychology ,103, 121-134.

Farris, M. R. 2000 Smiling of male and female infants to mother vs stranger at 2 and 3 months of age. Psychological Reports ,87, 723-728.

Fox, J., Warber, K. M., & Makstaller, D. C. 2013 The role of facebook in romantic relationship development: An exploration of Knapp's relational stage model. Journal of Social Personal Relationships ,30, 771-794.

Eaton, A. A., & Rose, S. 2011 Has dating become more egalitarian? A 35 years review using Sex Roles. Sex Roles ,64, 843-862.

Ein-Dor, T., & Hirschberger, G. 2012 Sexual healing: Daily diary evidence that sex relieves stress for men and women in satisfying relationships. Journal of Social Personal Relationships ,29, 126-139.

Elliot, A. J., & Niesta, D. 2008 Romantic red: Red enhances men's attraction to women. Journal of Personality and Social Psychology ,95,, 1150-1164.

Eshbaugh, E. M., & Gute, G. 2008 Hookups and sexual regret among college women. Journal of Social Psychology ,148, 77-89.

Furl, N. 2016 Facial attractiveness choices are predicted by divisive normalization. Psychological Science ,27, 1379-1387.

Gardner, J., & Oswald, A. J. 2006 Do divorcing couples become happier by breaking up? Journal of Royal Statistical Society: Series A ,169, 319-336.

Graff, K. A., Murnen, S. K., & Krause, A. K. 2013 Low-cut shirts and high-heeled shoes: Increased sexualization across time in magazine depictions of girls. Sex Roles ,69, 571-582.

Grammer, K. 1992 Variations on a theme: Age dependent mate selection in humans. Behavioral and Brain Sciences ,15, 100-103.

Guadagno, R. E., & Sagarin, B. J. 2010 Sex differences in jealousy: An evolutionary perspective on online infidelity. Journal of Applied Social Psychology ,40, 2636-2655.

Gueguen, N. 2007 Bust size and hitchhiking: A field study. Perceptual and Motor Skills ,105, 1294-1298.

Gueguen, N. 2012 Does red lipstick really attract men? An evaluation in a bar. International Journal of Psychological Studies ,4, 206-209.

Gueguen, N. 2012 "Say it...hear the flower shop": Further evidence of the effect of flowers on mating. Journal of Social Psychology ,152, 529-532.

Hai, D. M., Khairullah, Z. Y., & Coulmas, N. 1982 Sex and the single armrest: Use of personal space during air travel. Psychological Reports ,51, 743-749.

Hansel, T. C., Nakonezny, P. A., & Rodgers, J. L. 2011 Did divorces decline after the attacks on the world trade center? Journal of Applied Social Psychology ,41, 1680-1700.

Harrison, M. A., & Shortall, J. C. 2011 Women and men in love: Who really feels it and says it first? Journal of Social Psychology ,151, 727-736.

Hill, S. E., Rodeheffer, C. D., Griskevicius, V., Durante, K., & White, A. E. 2012 Boosting beauty in an economic decline: Mating, spending, and the lipstick effect. Journal of Personality and Social Psychology ,103, 275-291.

Hira, S. N. & Overall, N. C. 2010 Improving intimate relationships: Targeting the partner versus changing the self. Journal of Social Personal Relationships ,28, 610-633.

Iseri, E., Gurhan, N., Ozbas, A. A., & Sari, B. A. 2012 Preferences for sex of firstborn child among primiparous Turkish Women. Psychological Reports ,111, 165-172.

Jonason, P. K. 2007 An evolutionary psychology perspective on sex differences in exercise behaviors and motivations. Journal of Social Psychology ,147, 5-14.

Kaspar, K., & Krull, J. 2013 Incidental haptic stimulation in the context of flirt behavior. Journal of Nonverbal Behavior ,37, 165-173.

Kendrick, D. T., Sundie, J. M., Nicastle, L. D., & Stone, G. O. 2001 Can one ever be too wealthy or too chaste? Searching for nonlinearities in mate judgment. Journal of Personality and Social Psychology ,80, 462-471.

Koch, J. R., Roberts, A. E., Armstrong, M. L., & Owen, D. C. 2005 College students, tattoos, and sexual activity. Psychological Reports ,97, 887-890.

Langenmayr, A., & Schubert, U. 1990 Differences in number of siblings and choice of marriage partners. Psychological Reports ,67, 143-146.

Legkauskas, V., & Stankeviciene, D. 2009 Premarital sex and marital satisfaction on middle aged men and women: A study of married Lithuanian couples. Sex Roles ,60, 21-32.

Levine, R., Sato, S., Hashimoto,T., & Verma, J. 1995 Love and marriage in eleven cultures. Journal of Cross-Cultural Psychology ,26, 554-571.

Long, S. L., Mollen, D., & Smith, N. G. 2012 College women's attitudes toward sex workers. Sex Roles ,66, 117-127.

Lyvers, M., Cholakians, E., Puorro, M., & Sundram, S. 2011 Beer goggles: Blood alcohol concentration in relation to attractiveness ratings for unfamiliar opposite sex faces in naturalistic settings. Journal of Social Psychology ,151, 105-112.

MacGregor, J. C. D., & Cavallo, J. V. 2011 Breaking the rules: Personal control increases women's direct relationship initiation. Journal of Social Personal Relationships ,28, 848-867.

Maltby, J., & Day, L. 2000 Romantic acts and depression. Psychological Reports ,86, 260-262.

Mathes, E. W. 1986 Jealousy and romantic love: A longitudinal study. Psychological Reports ,58, 885-886.

Mathes, E. W. 2005 Relationship between short-term sexual strategies and sexual jealousy. Psychological Reports ,96, 29-35.

Meltzer, A. L, McNulty, J. K., Jackson, G. L., & Karney, B. R. 2014 Sex differences in the implications of partner physical attractiveness for the trajectory of marital satisfaction. Journal of Personality and Social Psychology ,106, 418-428.

Meston, C. M., & Frohlich, P. F. 2003 Love at first fright: Partner salience moderates roller-coaster-induced excitation transfer. Archives of Sexual Behavior ,32, 537-544.

Miller, G., Tybur, J. M., Jordan, B. D. 2007 Ovulatory cycle effects on tip earnings by lap dances: Economic evidence for human estrus. Evolution and Human Behavior ,28, 375-381.

Miller, S. L., & Maner, J. K. 2011 Ovulation as a male mating prime: Subtle signs of women's fertility influence men's mating cognition and behavior. Journal of Personality and Social Psychology ,100, 295-308.

Mongeau, P. A., Jacobsen, J., & Donnerstein, C. 2007 Defining dates and first date goals. Communication Research ,34, 526-547.

Nass, C., & Lee, K. M. 2001 Does computer-synthesized speech manifest personality? Experimental tests of recognition, similarity-attraction, and consistency-attraction. Journal of Experimental Psychology: Applied ,7, 171-181.

Neff, L. A., & Broady, E. F. 2011 Stress resilience in early marriage: Can practice make perfect? Journal of Personality and Social Psychology ,101, 1050-1067.

Nelson, L. D., & Morrison, E. L. 2005 The symptoms of resource scarcity: Judgments of food and finances influence preferences for potential partners. Psychological Science ,16, 167-173.

Parks, K. A., Hequembourg, A. L., & Dearing, R. L. 2008 Women's social behavior when meeting new men: The influence of alcohol and childhood sexual abuse. Psychology of Women Quarterly ,32, 145-158.

Patry, M. W. 2008 Attractive but guilty: Deliberation and the physical attractiveness bias. Psychological Reports ,102, 727-733.

Pawlowski, B., & Sorokowski, P. 2008 Men's attraction to women's bodies changes seasonally. Perception ,37, 1079-1085.

Penton-Voak, I. S., & Perret, D. 2000 Female preferences for male faces changes cyclically: Further evidence. Evolution and Human Behavior ,21, 39-48.

Perrett, D., Penton-Voak, I., Little, A., Tiddeman, B., Burt, M., Schmidt, N., Oxley, R., Kinloch, N., & Barrett, L. 2002 Facial attractiveness judgements reflect learning of parental age characteristics. Proceedings of Royal Society of London Series B: Biological Sciences, 269, 873-880.

Pettijohn, T. F., II ., & Jungeberg, B. 2004 Playboy playmate curves: Changes in facial and body feature preferences across social and economic conditions. Personality and Social Psychology Bulletin ,30, 1186-1197.

Pines, A., & Aronson, E. 1983 Antecedents, correlates, and consequences of sexual jealousy. Journal of Personality ,51, 108-136.

Regan, P. C., Lakhanpal, S., & Anguiano, C. 2012 Relationship outcomes in Indian-American love-based and arranged marriages. Psychological Reports ,110, 915-924.

Sanders, J. L. 1978 Relation of personal space to the human menstrual cycle. Journal of Psychology ,100, 275-278.

Schmitt, D. P. 2003 Universal sex differences in the desire for sexual variety: Tests from 52 nations, 6 countries, and 13 islands. Journal of Personality and Social Psychology ,85, 85-104.

Schmitt, D. P. 2004 Patterns and universals of mate poaching across 53 nations: The effects of sex, culture, and personality, on romantically attracting another person's partner. Journal of Personality and Social Psychology ,86, 500-584.

Shepperd, J. A., & Strathman, A. J. 1989 Attractiveness and height: The role of stature in dating preference, frequency of dating, and perceptions of attractiveness. Personality and Social Psychology Bulletin ,15, 617-627.

Smith, G. F., & Adams, L. 1982 Sex and time of day as determinants of whether people enter the cafeteria together or alone. Psychological Reports ,51, 837-838.

Swami, V., & Tovee, M. J. 2006 Does hunger influence judgments of female physical attractiveness? British Journal of Psychology ,97, 353-363.

Vaillant, N. 2006 Sex differences in stipulated preferences and mate search by clients of a French marriage bureau. Psychological Reports ,98, 285-290.

Waddell-Kral, L., & Thomas, C. D. 1990 Body attitudes and eating behaviors of female clothing sales personnel. Psychological Reports ,67, 451-456.

Wiggins, J. S., Wiggins, N., & Conger, J. C. 1968 Correlates of heterosexual somatic preference. Journal of Personality and Social Psychology ,10, 82-90.

Wink, P., & Helson, R. 1993 Personality change in Women and their partners. Journal of Personality and Social Psychology ,65, 597-605.

Wondergem, T. R., & Frielmeier, M. 2012 Gender and ethnic differences in smiling: A yearbook photographs analysis from kindergarten through 12th grade. Sex Roles ,67, 403-411.

Zillmann, D., & Bryant, J. 1988 Pornography's impact on sexual satisfaction. Journal of Applied Social Psychology ,18, 438-457.

## 著者　内藤誼人（ないとう・よしひと）

心理学者。立正大学客員教授。慶應義塾大学社会学研究科博士課程修了。アンギルド代表取締役。
社会心理学の知見をベースに、ビジネスや日常の人間関係に応用できる心理学
をアドバイスするバイオニア。
主な著書に、『人たらしの「ブラックの心理術』『どんな相手でも心を絶対つかむ<!!』（以上、
大和書房）、『すごい心理学』『すごい！モチベーション』（以上、廣済堂出版）、『図解 身近にあふれ
る「心理学」が3時間でわかる本』（明日香出版社）などがある。著書は200冊を超える。

---

## 図解　身近にあふれる「男と女の心理学」が3時間でわかる本

2018年12月25日 初版発行
2024年 4月23日 第13刷発行

著者　　内藤誼人
発行者　　石野栄一

発行　　🌅 明日香出版社
〒112-0005 東京都文京区水道 2-11-5
電話 03-5395-7650
https://www.asuka-g.co.jp

印刷・製本　　シナノ印刷株式会社

©Yoshihito Naito 2018 Printed in Japan
ISBN 978-4-7569-2007-2

落丁・乱丁本はお取り替えいたします。
本書に関するお問い合わせは弊社ホームページ（QRコード）からお願いいたします。

# 図解 身近にあふれる「心理学」が3時間でわかる本

内藤誼人 著

B6変型　208ページ　本体1400円+税

## 身近な疑問を心理学で解明！

職場や街中、買い物や人づきあいなど、私たちの何気ない日常には「心理学」で説明できることがたくさんあります。

そうした「身近にあふれる心理学」を、イラストで一番身近な雑貨などの擬人化キャラクターが解説します。

本書では、60の身近な事例を取り上げ、図やイラストをまじえながら説明します。楽しみながら心理学を学べる、抱腹絶倒の書です。

ISBN978-4-7569-1975-5

序章 … 9
　三人の主人公 9
　本書の構成 11

第一章　アッセンブレアと対話 … 14
　アッセンブレア、とは何か 14
　否定の弁証法 18
　危機こそチャンス 21
　矛盾の表面化 24
　アッセンブレアと対話 28

第二章　施設の論理を「括弧に入れる」 … 32
　研究者から改革者へ 32

「当たり前」をひっくり返す＊目次

# 「当たり前」をひっくり返す

バザーリア・ニィリエ・フレイレが奏でた「革命」

竹端 寛

Hiroshi Takebata

現代書館